# CADERNO DO FUTURO

Simples e prático

## Língua Portuguesa

**2º ano**
ENSINO FUNDAMENTAL

IBEP
4ª edição
São Paulo – 2022

Coleção Caderno do Futuro
Língua Portuguesa 2º ano
© IBEP, 2022

**Diretor superintendente** Jorge Yunes
**Diretora Editorial** Célia de Assis
**Editora** Adriane Gozzo
**Assistente editorial** Isabella Mouzinho, Stephanie Paparella, Patrícia Ruiz
**Revisão** Denise Santos, Yara Affonso
**Departamento de arte** Aline Benitez, Gisele Gonçalves
**Secretaria editorial e processos** Elza Mizue Hata Fujihara
**Assistente de produção gráfica** Marcelo Ribeiro
**Projeto gráfico e capa** Aline Benitez
**Ilustrações** Vanessa Alexandre, Shutterstock
**Imagens** Shutterstock
**Editoração eletrônica** N-Public

Impressão Leograf - Maio 2024

4ª edição - São Paulo - 2022
Todos os direitos reservados.

Rua Gomes de Carvalho, 1306, 11º andar, Vila Olímpia
São Paulo – SP – 04547-005 - Brasil - Tel.: (11) 2799-7799
www.editoraibep.com.br

**Dados Internacionais de Catalogação na Publicação (CIP) de acordo com ISBD**

| P289c | Passos, Célia |
|---|---|
| | Caderno do Futuro 2º ano: Língua Portuguesa / Célia Passos, Zeneide Silva. - 4. ed. - São Paulo : IBEP - Instituto Brasileiro de Edições Pedagógicas, 2022. |
| | 128 p. : il. ; 32cm x 26cm. |
| | ISBN: 978-65-5696-218-4 (aluno) |
| | ISBN: 978-65-5696-219-1 (professor) |
| | 1. Ensino Fundamental Anos Iniciais. 2. Livro didático. 3. Língua Portuguesa. 4. Ortografia. 5. Gramática. 6. Escrita. I. Silva, Zeneide. II. Título. |
| 2022-3336 | CDD 372.07 |
| | CDU 372.4 |

Elaborado por Odilio Hilario Moreira Junior - CRB-8/9949

**Índice para catálogo sistemático:**
1. Educação - Ensino fundamental: Livro didático 372.07
2. Educação - Ensino fundamental: Livro didático 372.4

# APRESENTAÇÃO

Queridos alunos,

Este material foi elaborado para você realizar várias atividades de Língua Portuguesa e auxiliá-lo no processo de aprendizagem. São atividades simples e práticas que retomam temas de estudo do seu dia a dia, preparando você para as diversas situações de comunicação que vivencia na escola e fora dela.

Esperamos que aproveite bastante este material no seu desenvolvimento escolar e pessoal.

Um abraço.
As autoras

# SUMÁRIO

**BLOCO 1** .................................................. 6
Trabalhando com as vogais / junção das vogais
Famílias silábicas:
- ba, be, bi, bo, bu
- ca, co, cu
- da, de, di, do, du
- fa, fe, fi, fo, fu

**BLOCO 2** .................................................. 11
Famílias silábicas:
- ga, go, gu
- ja, je, ji, jo, ju
- la, le, li, lo, lu
- ma, me, mi, mo, mu

**BLOCO 3** .................................................. 18
Famílias silábicas:
- na, ne, ni, no, nu
- pa, pe, pi, po, pu
- ra, re, ri, ro, ru
Palavras escritas com ce, ci

**BLOCO 4** .................................................. 26
Famílias silábicas:
- sa, se, si, so, su
- ta, te, ti, to, tu
- va, ve, vi, vo, vu
Palavras escritas com r entre vogais

**BLOCO 5** .................................................. 36
Famílias silábicas:
- xa, xe, xi, xo, xu
- za, ze, zi, zo, zu
Palavras escritas com:
- ss
- ge, gi

**BLOCO 6** .................................................. 46
Palavras escritas com:
- rr
- nha, nhe, nhi, nho, nhu
- ça, ço, çu
- an, en, in, on, un

**BLOCO 7** .................................................. 52
Palavras escritas com:
- am, em, im, om, um
- lha, lhe, lhi, lho, lhu
- ar, er, ir, or, ur
- qua, quo

**BLOCO 8** .................................................. 58
Palavras escritas com:
- que, qui
- as, es, is, os, us
- s entre vogais
- al, el, il, ol, ul

**BLOCO 9** .................................................. 68
Palavras escritas com:
- cha, che, chi, cho, chu
- ha, he, hi, ho, hu
- gue, gui
- gua, guo
- az, ez, iz, oz, uz

**BLOCO 10** .................................................. 78
Palavras escritas com:
- bl, cl, fl, gl, pl, tl
- br, cr, dr, fr, gr, pr, tr, vr
Palavras escritas com til / Formação do plural
Os sons do x

**BLOCO 11** .................................................. 93
Alfabeto minúsculo / maiúsculo
Vogais e consoantes
Ordem alfabética

**BLOCO 12** .................................................. 100
Sílaba
Emprego da cedilha
Emprego do til
Acento agudo / acento circunflexo
Sinais de pontuação

**BLOCO 13** .................................................. 108
Substantivos próprio e comum
Gênero do substantivo
Número do substantivo
Grau do substantivo

**BLOCO 14** .................................................. 119
Adjetivos
Sinônimos
Antônimos
Palavras que indicam ação

## Bloco 1

**CONTEÚDOS:**
- Trabalhando com as vogais / junção das vogais
- Famílias silábicas:
  - ba, be, bi, bo, bu
  - ca, co, cu
  - da, de, di, do, du
  - fa, fe, fi, fo, fu

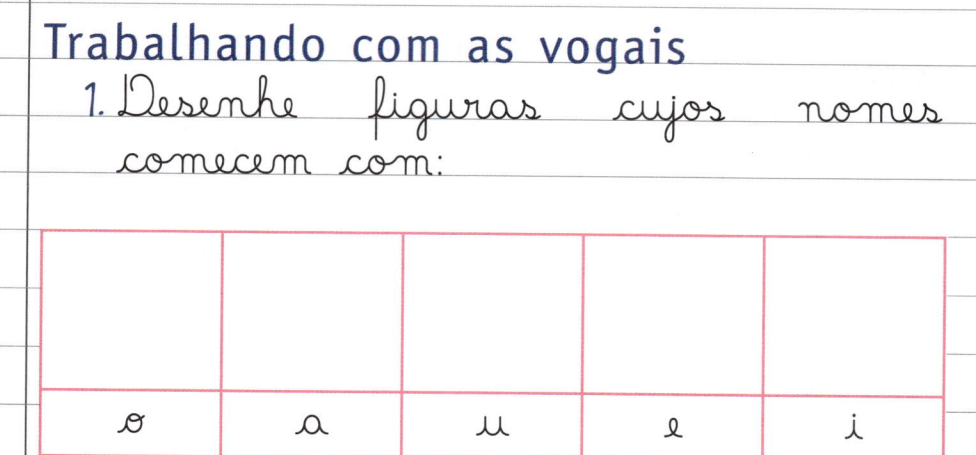

## Trabalhando com as vogais

1. Desenhe figuras cujos nomes comecem com:

| o | a | u | e | i |
|---|---|---|---|---|
|   |   |   |   |   |

2. Complete as palavras com as vogais que estão faltando.

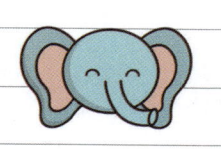

lefante    greja    vos    vas

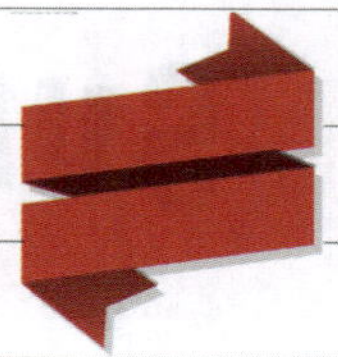

sa    mac co    caf    f ta

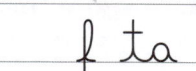

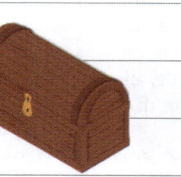

dom n    c co    ba    p ix

3. Faça a correspondência observando o tipo de letra.

A    U
E    O
I    E
O    A
U    I

## Junção das vogais

4. Leia e copie.

(Ai, ai!)    (Au, au!)

Ui, ui!
Oi, oi!
Ei, ei!
Uai, uai!

6. Iaiá segura um brinquedo. Qual é o nome dele?

**Família silábica ba, be, bi, bo, bu**

5. Escreva, nos lugares corretos, o que cada personagem diz.

au   ai   ui   eu   oi

7. Junte as sílabas para formar palavras.

ba ⟨ ú
     bá

be ⟨ bi
     bê

be ⟨ ba
     bia

7

8. Junte as sílabas para formar palavras. Siga a numeração.

| 1 | 2 | 3 | 4 | 5 |
|---|---|---|---|---|
| be | bu | ba | bo | bi |

a) 4 + 4 =
b) 1 + 1 =
c) 4 + 3 =
d) 1 + 3 =
e) 1 + 5 =

9. Forme palavras.

ba, u, bo, i, a, be, bi, o

## Família silábica ca, co, cu

10. Leia e copie.

cacau
cacau

cubo
cubo

cuia
cuia

boca
boca

cuco
cuco

coco
coco

11. Ordene as sílabas e forme palavras.

ca-bo
ca-cu
bra-co
lo-co
la-ce
la-co
co-bi

**12.** Observe as imagens e complete as frases com uma das palavras do quadro. Depois, copie as frases.

cacau - babá - babou

A _____ é boa.

O _____ caiu.

O _____ babou.

**Família silábica da, de, di, do, du**

**13.** Leia as palavras em voz alta e depois copie-as.

dado
dado

bode
bode

dedo
dedo

cabide
cabide

cocada
cocada

cadeado
cadeado

**14.** Complete com **da, de, di, do, du** e descubra um divertido trava-língua.

Aos ___ mingos, seu ___ mingos ___ ixa as ___ vidas, ___ ixa as ___ vidas e se ___ verte com ___ dos e ___ minós.

**15.** Ordene as sílabas e forme palavras.

| eu | do |
| a | di |
| a | dei | ca |
| do | de |
| de | do | ca | a |

9

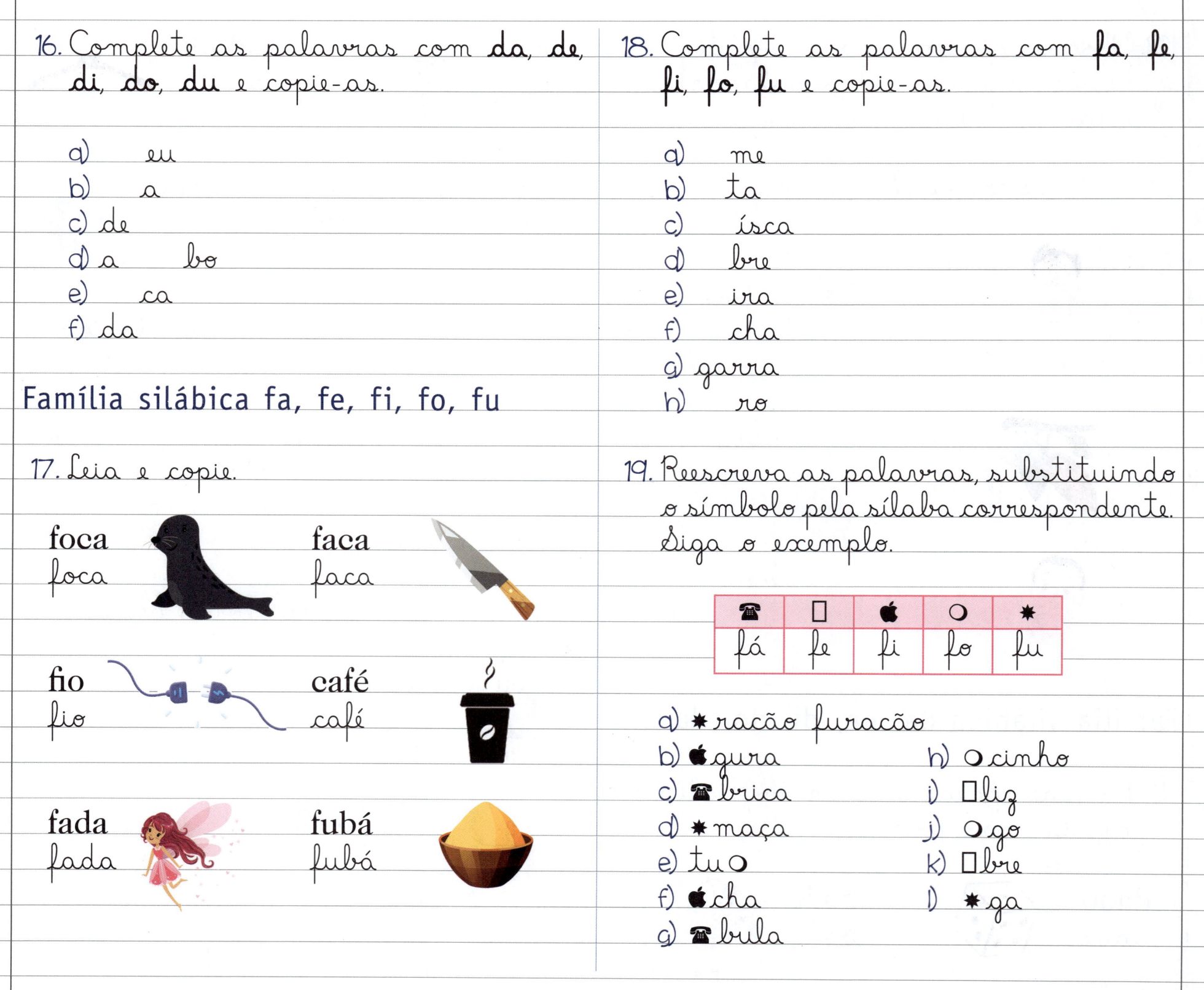

16. Complete as palavras com **da, de, di, do, du** e copie-as.

a) ___ eu
b) ___ a
c) ___ de
d) a ___ bo
e) ___ ca
f) ___ da

## Família silábica fa, fe, fi, fo, fu

17. Leia e copie.

foca
foca

faca
faca

fio
fio

café
café

fada
fada

fubá
fubá

18. Complete as palavras com **fa, fe, fi, fo, fu** e copie-as.

a) ___ me
b) ___ ta
c) ___ ísca
d) ___ bre
e) ___ ira
f) ___ cha
g) ___ garra
h) ___ ro

19. Reescreva as palavras, substituindo o símbolo pela sílaba correspondente. Siga o exemplo.

| ☎ | ☐ | 🍎 | ○ | ✹ |
|---|---|---|---|---|
| fá | fe | fi | fo | fu |

a) ✹ ração   furacão
b) 🍎 gura
c) ☎ brica
d) ✹ maça
e) tu ○
f) 🍎 cha
g) ☎ bula
h) ○ cinho
i) ☐ liz
j) ○ go
k) ☐ bre
l) ✹ ga

## Bloco 2

**CONTEÚDOS:**
- Famílias silábicas:
  – ga, go, gu
  – ja, je, ji, jo, ju
  – la, le, li, lo, lu
  – ma, me, mi, mo, mu

## Família silábica ga, go, gu

1. Leia e copie.

goiaba
goiaba

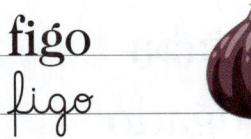

bigode
bigode

figo
figo

fogo
fogo

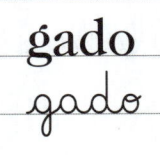

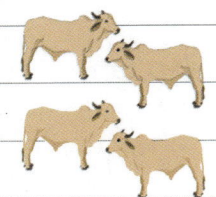

gado
gado

figa
figa

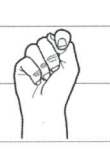

2. Localize no diagrama abaixo 7 palavras com **ga**, **go**, **gu**.

| f | a | b | m | a | l | g | o | d | ã | o | p | q | u | r |
| u | x | i | z | ó | t | b | y | q | u | e | m | c | v | b |
| g | l | t | p | b | ã | o | k | e | r | g | u | c | l | j |
| a | m | u | c | g | o | t | a | n | o | u | b | ç | õ | e |
| s | o | m | b | k | r | y | i | v | p | l | s | u | e | j |
| e | g | a | t | o | e | u | q | u | v | a | g | a | x | k |
| r | o | m | r | n | y | b | p | l | b | j | i | r | b | s |
| d | h | k | a | l | g | u | m | a | q | u | v | l | r | t |

3. Encontre as palavras escondidas. Circule-as e copie-as. Siga o exemplo.

goi(aba)     goiabeira
aba

fígado       goiabada

galope       figada

águia        aguado

4. Complete a cruzadinha.

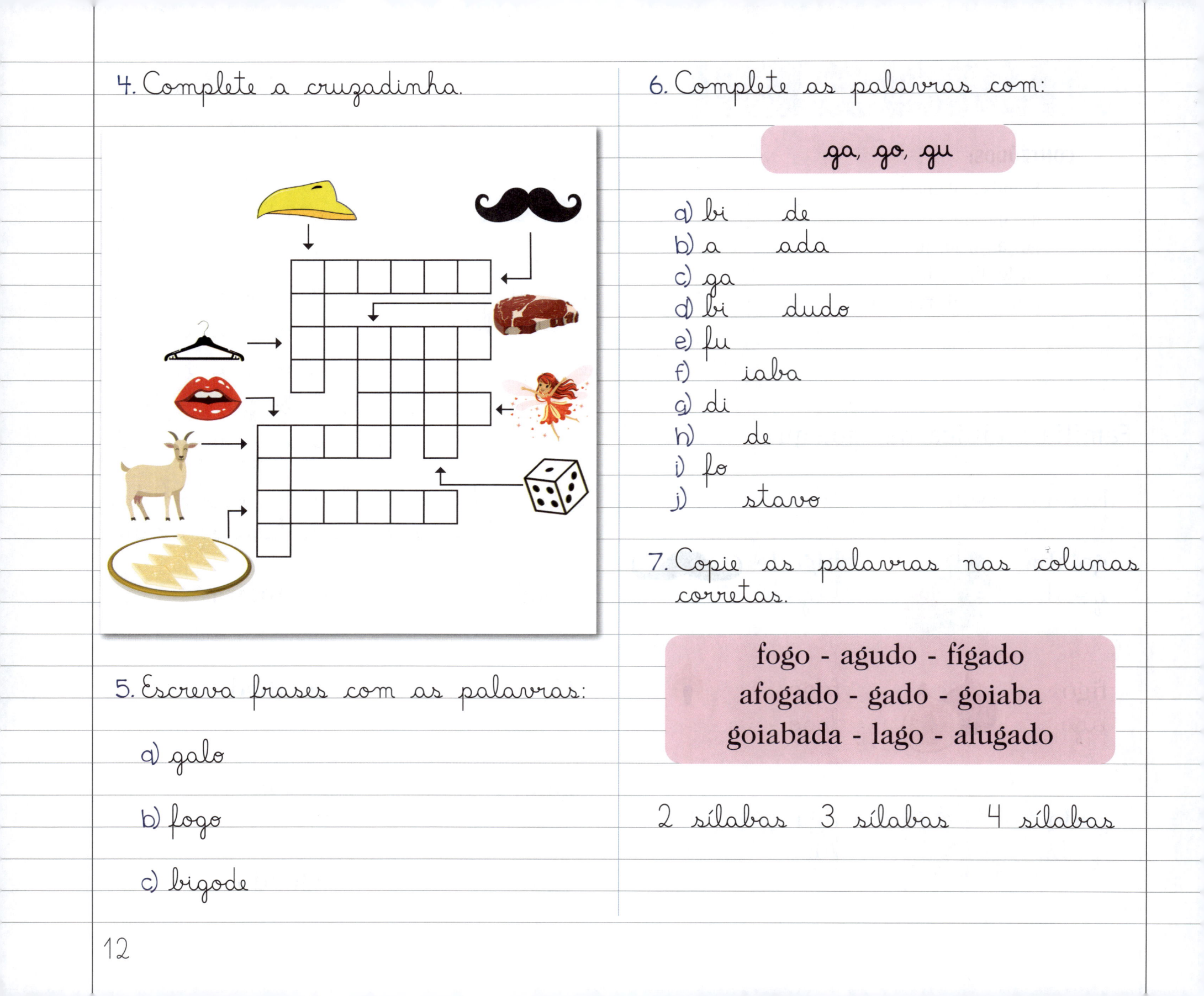

5. Escreva frases com as palavras:

a) galo

b) fogo

c) bigode

6. Complete as palavras com:

**ga, go, gu**

a) bi___de
b) a___ada
c) ___ga
d) bi___dudo
e) fu___
f) ___iaba
g) di___
h) ___de
i) fo___
j) ___stavo

7. Copie as palavras nas colunas corretas.

**fogo - agudo - fígado
afogado - gado - goiaba
goiabada - lago - alugado**

| 2 sílabas | 3 sílabas | 4 sílabas |
| --- | --- | --- |

12

## Família silábica ja, je, ji, jo, ju

8. Leia as palavras em voz alta. Depois, escreva-as em formato de imprensa e em letra cursiva.

- jaca — jaca
- beijo — beijo
- caju — caju
- Juca — Juca
- Jiboia — jiboia
- joia — joia

9. Complete com **ja, je, ji, jo, ju** e descubra um divertido trava-língua.

A ___ndaia do seu ___ ca ___ntou com o ___riti do seu ___randir e comeram todo o ___cá de ___ca que ia pra ___ndiaí.

10. Ligue e forme palavras.

ja — ca / cá

jo — gada / vem

ju — juba / dô

Ju — ca / ju

11. Separe as sílabas destas palavras oralmente e depois por escrito.

a) jogo
b) caju
c) feijoada
d) jujuba
e) ajuda
f) beijo
g) jejum

**12.** Ordene as sílabas e forme palavras.

   a) ba - ju - ju
   b) a - boi - ji
   c) do - ju - ca
   d) ju - a - da
   e) jo - da - ga

## Família silábica la, le, li, lo, lu

**13.** Leia e copie.

**lua**
lua

**lince**
lince

**bolo**
bolo

**elefante**
elefante

**bule**
bule

**bala**
bala

**14.** Ligue e forme palavras.

lá — pis
   — bio
   — bia

le — tra
   — ão
   — gal

**15.** Ordene as sílabas para formar palavras.

   a) la - bo
   b) xo - li
   c) a - lu
   d) le - bu
   e) ca - do - la
   f) be - lo - ca

**16.** Complete as palavras com a sílaba correta.

   la   le   li   lo   lu

   a) cau     c) pa      e) ba
   b) au      d) bo      f) java

**17.** Forme outras palavras com as sílabas destas palavras:

cabelo    melado    favela

**18.** Dê nomes às meninas e aos meninos usando as letras indicadas.

L    J

**19.** Leia esta frase:

A lua brilha à noite.

a) Qual é a palavra que começa com a letra l?

b) Qual é a palavra maior?

c) Qual é a palavra menor?

## Família silábica ma, me, mi, mo, mu

**20.** Leia e copie.

**macaco**
macaco

**mola**
mola

**cama**
cama

**meia**
meia

**mala**
mala

**mamão**
mamão

21. Leia e separe as sílabas das palavras:

a) melado
b) mamãe
c) amigo
d) milho
e) moeda
f) comida
g) camelo
h) mímica
i) muro
j) machado

22. Crie novas palavras, substituindo as sílabas das palavras em destaque pelas que constam nos parênteses. Veja o modelo.

a) **mi**lho (mo)  molho
b) mo**ed**a (la)
c) ca**me**lo (ne)
d) ca**ne**la (pe)
e) **gar**rafa (gi)
f) **gor**ro (mo)
g) **sa**po (pa)

23. Leia as palavras em voz alta. Depois, junte as sílabas em destaque para formar novas palavras.

a) **pi**ão/**di**a/**no**ta
b) **bo**né/**ti**na/**na**bo
c) **ca**valo/**be**leza/**lou**sa
d) **ba**leia/**u**rubu/**fi**lho
e) **co**ruja/**a**migo/**da**do
f) **sor**te/**ve**la/**te**lefone
g) **a**zul/**pi**a/**to**mate

24. Ligue e forme palavras.

ma — çã / ca / la

me — do / lão / sa

mi — a / ado / mo

mo ← da / leca / la

mu ← da / do / la

**25.** Forme palavras usando as sílabas que estão nos quadrinhos.

| 1 da | 2 ca | 3 ma | 4 la | 5 me |
| 6 co | 7 mo | 8 do | 9 di | 10 mu |

a) 3 - 2 - 6
b) 7 - 1
c) 5 - 9 - 6
d) 10 - 4
e) 5 - 8

**26.** Ordene as sílabas e forme palavras.

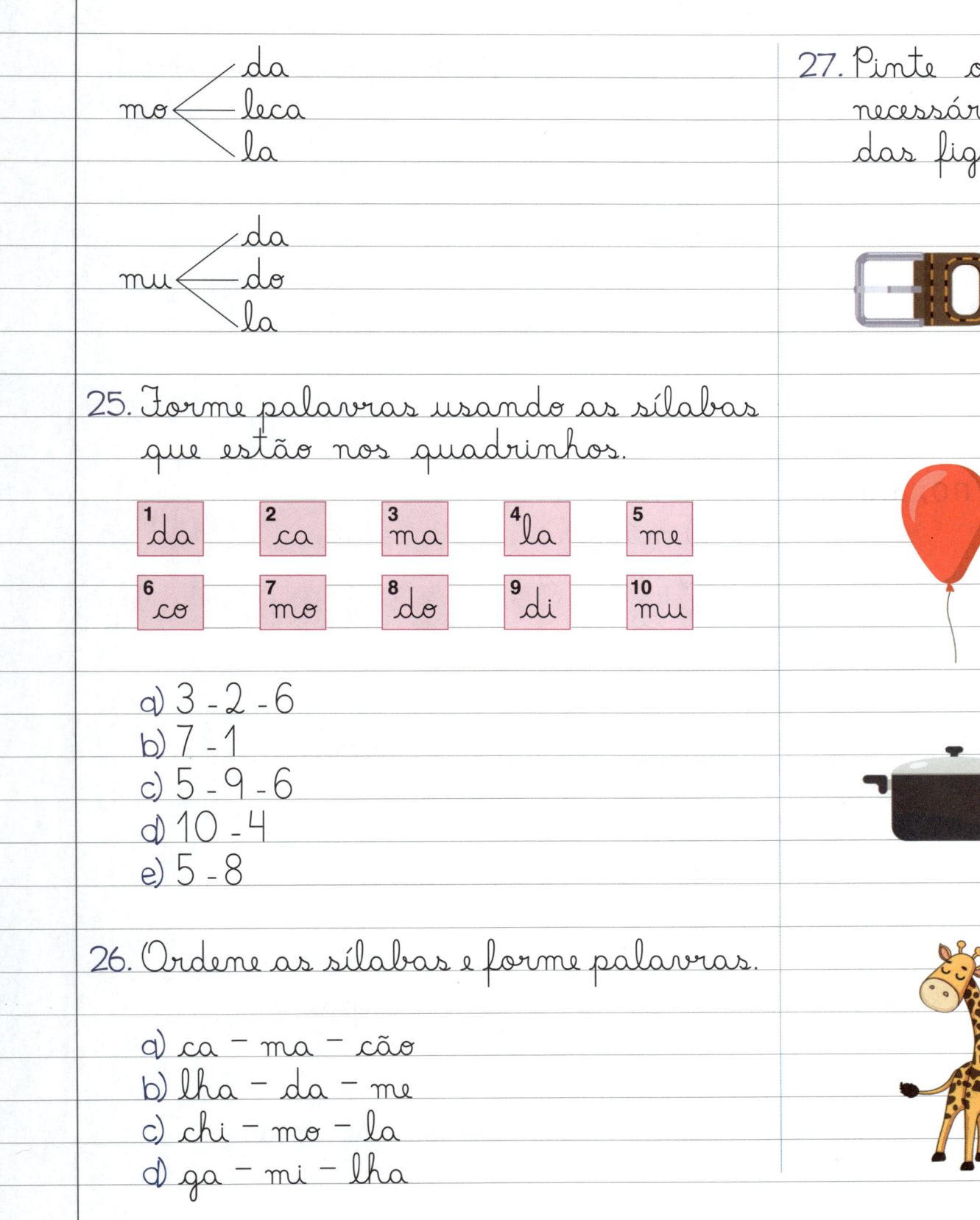

a) ca - ma - cão
b) lha - da - me
c) chi - mo - la
d) ga - mi - lha

**27.** Pinte os quadrinhos das sílabas necessárias para formar as palavras das figuras indicadas.

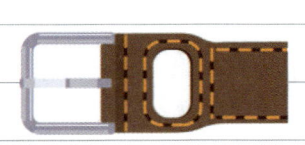

| li | go | fi |
| de | ri | ve |
| la | su | ca |

| va | be | bi |
| xi | na | su |
| lo | ga | la |

| pa | ra | le |
| de | ne | ve |
| ca | me | la |

| ji | bu | gi |
| su | tu | ra |
| la | na | fa |

17

## Bloco 3

**CONTEÚDOS:**
- Famílias silábicas:
  - na, ne, ni, no, nu
  - pa, pe, pi, po, pu
  - ra, re, ri, ro, ru
- Palavras escritas com ce, ci

## Família silábica na, ne, ni, no, nu

1. Leia e copie.

pepino
pepino

boneca
boneca

canoa
canoa

banana
banana

boné
boné

nó
nó

Mônica
Mônica

canudo
canudo

2. Separe as sílabas das palavras.

a) banana
b) janela
c) limonada
d) abano
e) meninada
f) ano
g) nabo
h) nariz
i) nobre
j) número
k) minuto
l) cano

3. Responda às perguntas.

a) Meu nome é:

b) O nome do meu pai é:

c) O nome da minha mãe é.

**4.** Junte as sílabas para formar palavras. Siga a numeração.

| 1 me | 2 ja | 3 a | 4 na | 5 no | 6 ne | 7 ba |
|---|---|---|---|---|---|---|
| 8 mo | 9 la | 10 bo | 11 ni | 12 li | 13 da | 14 ca |

a) 1 - 11 - 5
b) 2 - 6 - 9
c) 10 - 6 - 14
d) 14 - 6 - 9
e) 12 - 8 - 4 - 13
f) 7 - 4 - 4
g) 14 - 5 - 3

**5.** Preencha a cruzadinha com palavras que contenham **na, ne, ni, no, nu**.

1) Período de 12 meses.
2) Embarcação de grande porte.
3) O mesmo que bebê.
4) Aquela que entra vestida de branco na igreja.
5) O contrário de dia.
6) Entrelaçamento de um ou mais fios.

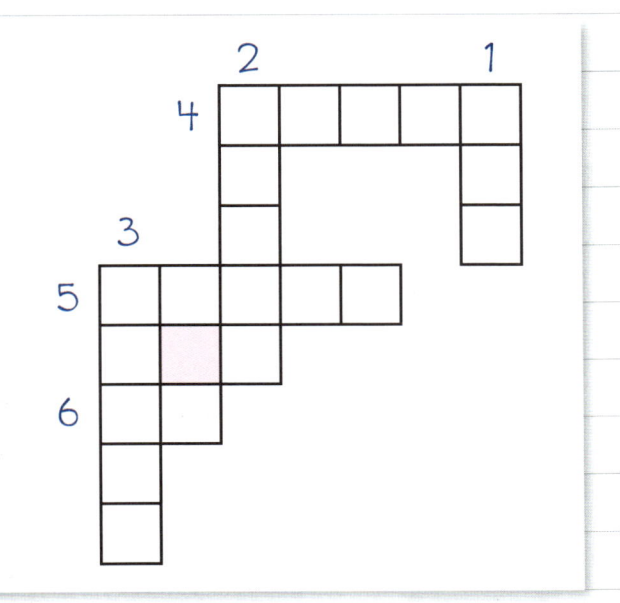

**6.** Descubra novas palavras com as sílabas **na, ne, ni, no, nu** e escreva-as no casco do navio.

19

**Família silábica pa, pe, pi, po, pu**

**7.** Leia e copie.

pipoca
*pipoca*

pipa
*pipa*

pé
*pé*

panela
*panela*

piano
*piano*

papai
*papai*

**8.** Leia as palavras em voz alta e depois copie-as.

papo
pecado
peludo
papa
pote
pena
pago
picada
piada
pano
pulo

**9.** Ordene as sílabas e forme palavras.

a) no – pi
b) pa – ca
c) da – ma – po
d) ga – pe – da
e) da – pau – la

**10.** Escreva o nome dos desenhos.

1)
2)
3)
4)
5)
6)
7)
8)
9)
10)

11. Escreva frases com as palavras a seguir:

a) pipa

b) papagaio

c) pena

Procure no poema e escreva as palavras que terminam em **ca** e **la**.

| CA | LA |
|----|----|
|    |    |

12. Leia o poema.

**REBENTA PIPOCA**

Rebenta pipoca,
Maria sororoca,
Saltando bem louca
Pra dentro da boca.
Branquinha e amarela.
Pula que pula,
No fundo da panela.
Quem resiste ao cheirinho dela?

*Rebenta pipoca*. Regina Sormani Ferreira.
São Paulo: Pioneira, 1986.

## Família silábica ra, re, ri, ro, ru

13. Leia e copie.

rádio
rádio

robô
robô

roda
roda

rede
rede

rua
rua

remo
remo

21

**14.** Complete com **ra**, **re**, **ri**, **ro**, **ru** os nomes de animais.

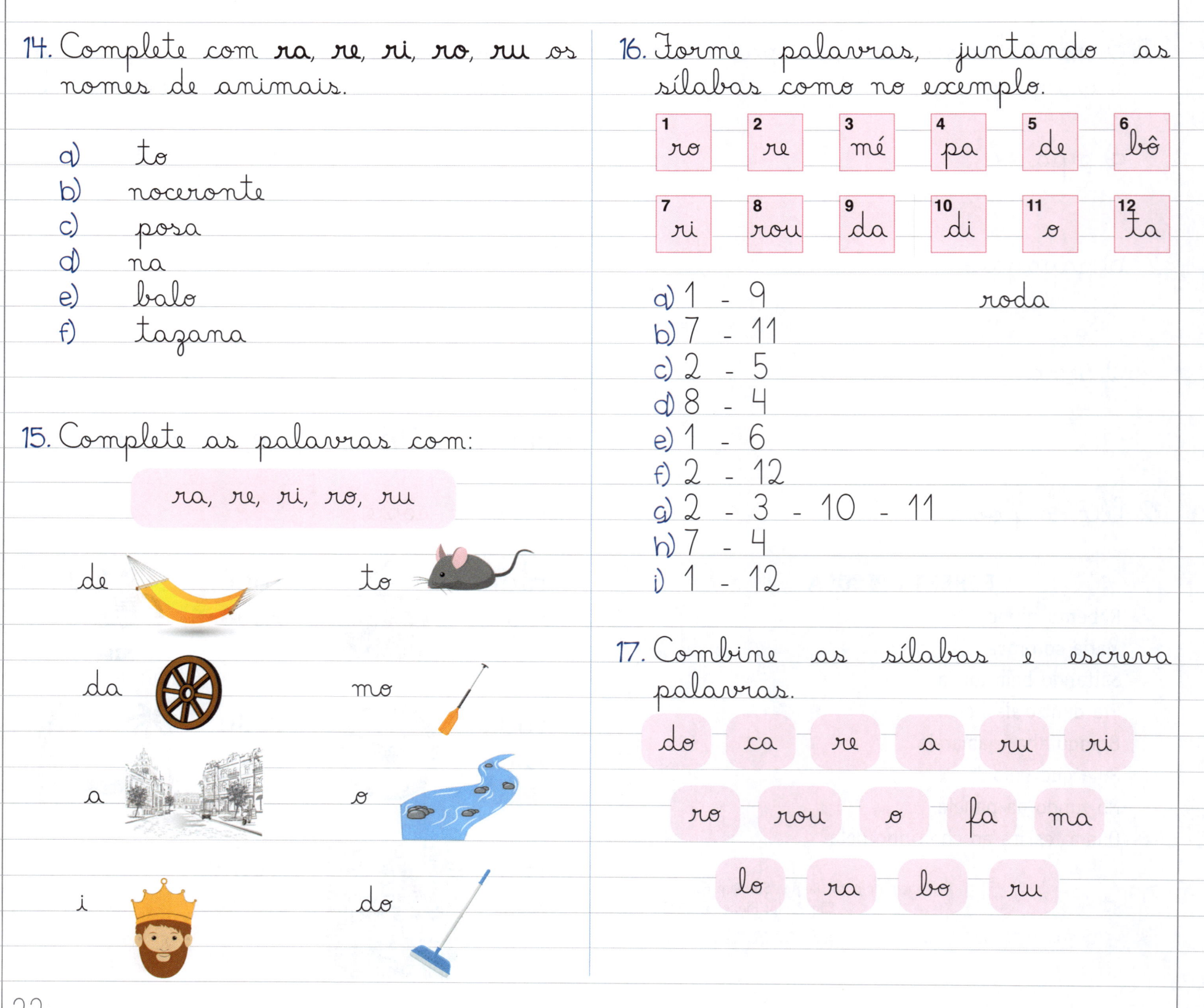

a) ____ to
b) ____ noceronte
c) ____ posa
d) ____ na
e) ____ balo
f) ____ tazana

**15.** Complete as palavras com:

ra, re, ri, ro, ru

de ____ 
____ to

da ____ 
mo ____

a ____ 
____ o

i ____ 
____ do

**16.** Forme palavras, juntando as sílabas como no exemplo.

| 1 | 2 | 3 | 4 | 5 | 6 |
|---|---|---|---|---|---|
| ro | re | mé | pa | de | bô |

| 7 | 8 | 9 | 10 | 11 | 12 |
|---|---|---|----|----|----|
| ri | rou | da | di | o | ta |

a) 1 - 9    roda
b) 7 - 11
c) 2 - 5
d) 8 - 4
e) 1 - 6
f) 2 - 12
g) 2 - 3 - 10 - 11
h) 7 - 4
i) 1 - 12

**17.** Combine as sílabas e escreva palavras.

do   ca   re   a   ru   ri

ro   rou   o   fa   ma

lo   ra   bo   ru

**18.** Leia em voz alta e bem devagar as palavras a seguir. Perceba quantas vezes você vai mexer a boca para pronunciar cada uma. Depois, conte as sílabas e as letras das palavras e registre no quadro.

|  | Quantas sílabas? | Quantas letras? |
|---|---|---|
| rico |  |  |
| remédio |  |  |
| roupa |  |  |
| rei |  |  |
| rima |  |  |
| recado |  |  |

**19.** Leia o poema:

**RIO**

No meio da floresta encantada
existe um rio
que parece um rio de prata.
Neste rio mora uma sereia
que canta ao entardecer.
A sereia mergulha
e nada pra cá,
e nada pra lá.
Seu canto
é como
uma canção de ninar
que faz adormecer
a floresta inteira.
Depois a sereia mergulha
até o fundo do rio
e sonha a noite inteira
com o príncipe encantado
que por ela se apaixona.

Disponível em: http://apoema.com.br/ecologia1.html. Acesso em: out. 2022.

a) Complete as frases de acordo com o poema.

No meio da floresta encantada existe um rio que parece um rio _____.
Neste rio mora uma _____ que _____ ao entardecer.

b) Circule no poema todas as palavras **rio**.

Quantas palavras você circulou?

23

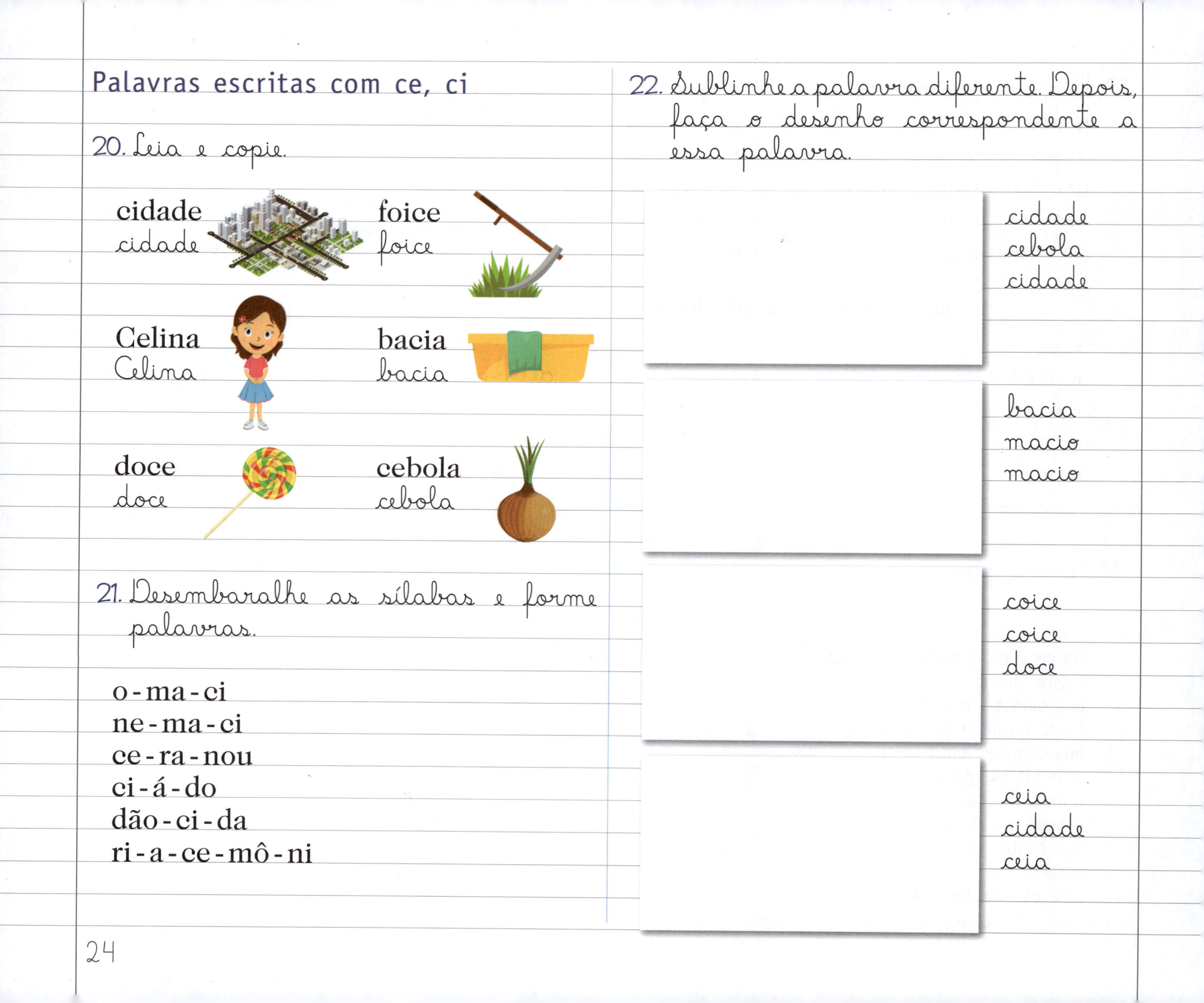

## Palavras escritas com ce, ci

**20.** Leia e copie.

cidade
cidade

foice
foice

Celina
Celina

bacia
bacia

doce
doce

cebola
cebola

**21.** Desembaralhe as sílabas e forme palavras.

o - ma - ci
ne - ma - ci
ce - ra - nou
ci - á - do
dão - ci - da
ri - a - ce - mô - ni

**22.** Sublinhe a palavra diferente. Depois, faça o desenho correspondente a essa palavra.

cidade
cebola
cidade

bacia
macio
macio

coice
coice
doce

ceia
cidade
ceia

**23.** Copie as palavras nos lugares corretos.

ceia - oficina - cédula - macio
cinema - cebola - bacia - coice

ce:
ci:

**24.** Ligue e forme palavras.

ce — go / ia / la

ci — gano / nema / dade

do / fa / coi / foi — ce

**25.** Leia o trava-língua.

**O DOCE**

O doce perguntou pro doce:
qual é o doce que é mais doce?
O doce respondeu pro doce
que o doce mais doce
é o doce de batata-doce.

*A cantiga de roda.*
Produzido por Sandra Peres e Paulo Tatit.
São Paulo: Palavra Cantada, 1998.

a) Circule todas as palavras **doce** que você encontrar no trava-língua.

b) Quantas palavras você encontrou?

c) Você já comeu doce de batata-doce?

d) Gostou?

25

## Bloco 4

**CONTEÚDOS:**
- Famílias silábicas:
  – sa, se, si, so, su
  – ta, te, ti, to, tu
  – va, ve, vi, vo, vu
- Palavras escritas com r entre vogais

## Família silábica sa, se, si, so, su

1. Leia e copie.

sapo
sapo

sino
sino

selo
selo

sacola
sacola

suco
suco

sofá
sofá

2. Leia e copie as palavras em formato de imprensa e em formato cursivo.

sabiá
saco
soma
subida
saúde
sono
sábado
senhora
saia
sede
semana
selado
subiu
sílaba

3. Pense em dois animais cujos nomes começam com a letra **s** e forme frases com eles.

4. Escreva o nome das imagens de acordo com a numeração.

1)
2)
3)
4)
5)
6)
7)
8)
9)

5. Leia as palavras. Conte e anote o número de sílabas de cada uma. Depois responda à pergunta:

a) seco ⟶ ☐

b) sábado ⟶ ☐

c) sapo ⟶ ☐

d) sapateiro ⟶ ☐

e) sei ⟶ ☐

• Qual é a palavra que possui mais sílabas? _____ Quantas? _____

6. Complete as palavras com a sílaba correta. Depois, leia as frases e faça desenhos retratando-as:

a) O sapo subiu no so......... (la – fá).

b) O número da casa é se......... (te – pe).

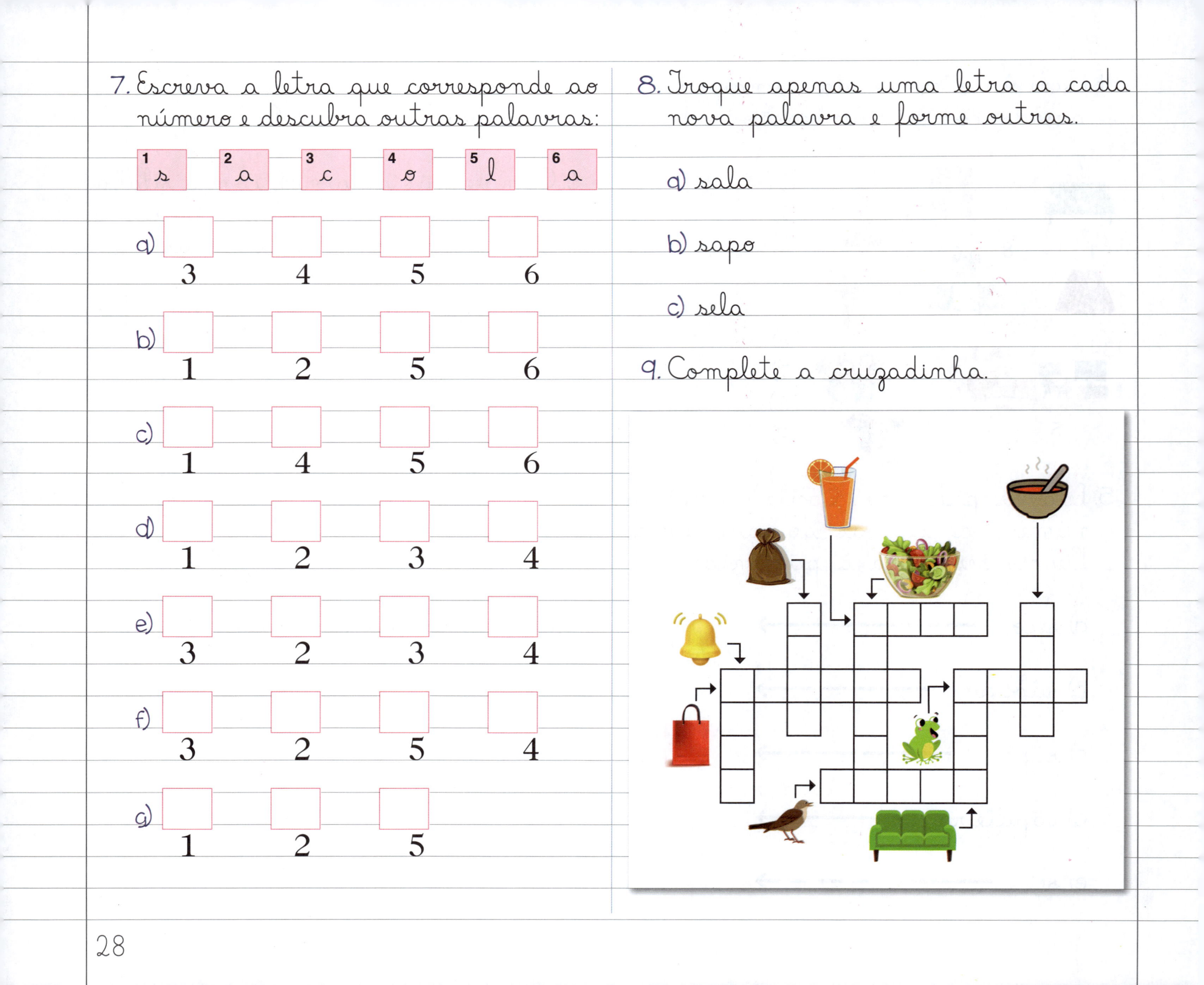

7. Escreva a letra que corresponde ao número e descubra outras palavras:

| 1 | 2 | 3 | 4 | 5 | 6 |
|---|---|---|---|---|---|
| s | a | c | o | l | a |

a) ☐ ☐ ☐ ☐
    3   4   5   6

b) ☐ ☐ ☐ ☐
    1   2   5   6

c) ☐ ☐ ☐ ☐
    1   4   5   6

d) ☐ ☐ ☐ ☐
    1   2   3   4

e) ☐ ☐ ☐ ☐
    3   2   3   4

f) ☐ ☐ ☐ ☐
    3   2   5   4

g) ☐ ☐ ☐
    1   2   5

8. Troque apenas uma letra a cada nova palavra e forme outras.

a) sala

b) sapo

c) sela

9. Complete a cruzadinha.

28

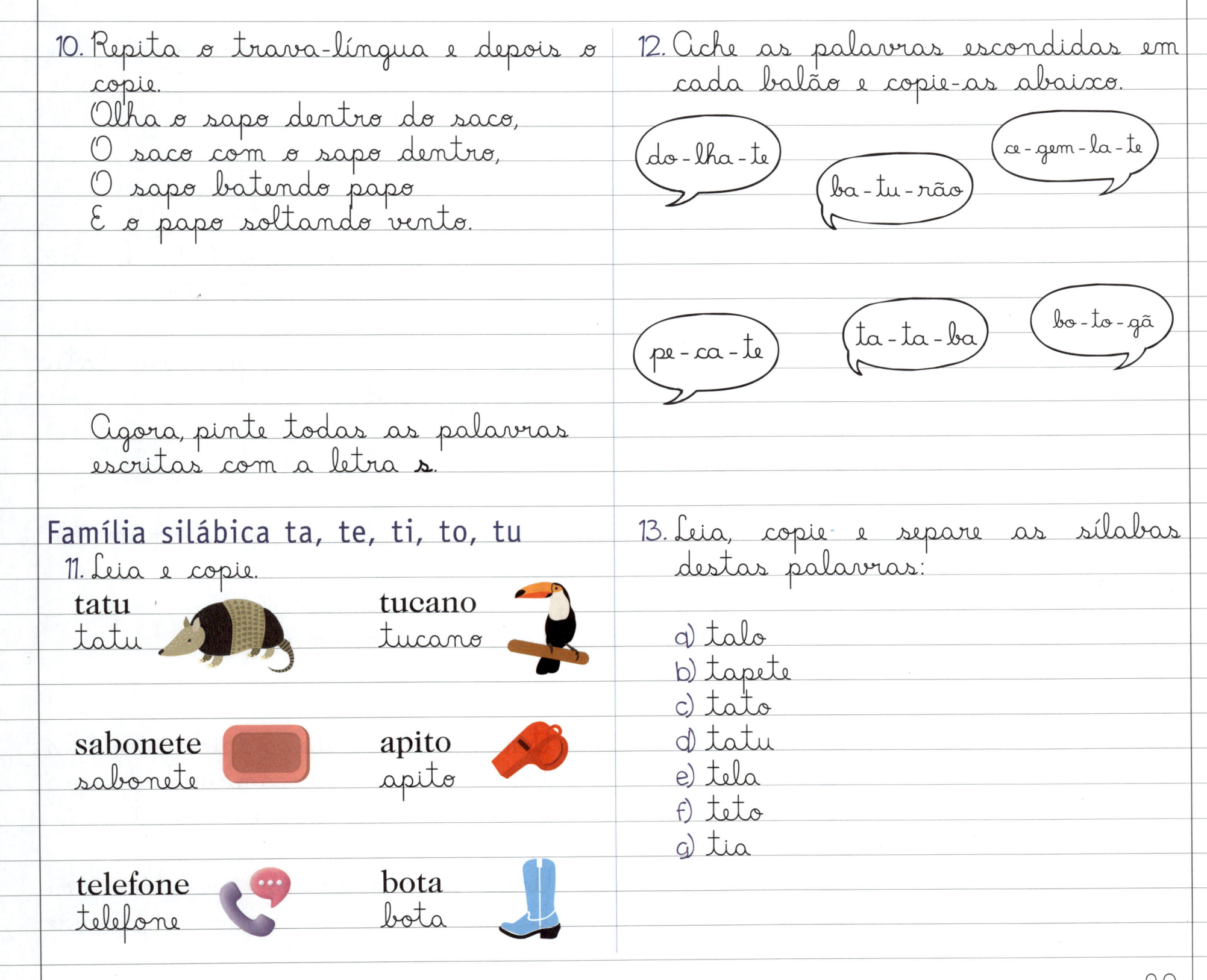

**10.** Repita o trava-língua e depois o copie.

Olha o sapo dentro do saco,
O saco com o sapo dentro,
O sapo batendo papo
E o papo soltando vento.

Agora, pinte todas as palavras escritas com a letra **s**.

## Família silábica ta, te, ti, to, tu

**11.** Leia e copie.

tatu
tatu

tucano
tucano

sabonete
sabonete

apito
apito

telefone
telefone

bota
bota

**12.** Ache as palavras escondidas em cada balão e copie-as abaixo.

- do - lha - te
- ba - tu - rão
- ce - gem - la - te
- pe - ca - te
- ta - ta - ba
- bo - to - gã

**13.** Leia, copie e separe as sílabas destas palavras:

a) talo
b) tapete
c) tato
d) tatu
e) tela
f) teto
g) tia

**14.** Descubra as palavras a seguir. Depois, coloque o número de sílabas.

a) n a t c e a ☐

b) b t i n o a ☐

c) p e t c a e ☐

d) l t e f n e e o ☐

**15.** Complete as palavras. Depois, copie-as.

_ a _ o _ e _ e

_ a _ e _ e

_ i _ o _ o

**16.** Repita oralmente o trava-língua:

— Alô, o tatu taí?

— Não, o tatu num tá.

— Mas a mulher do tatu tando é o mesmo que o tatu tá.

Agora substitua a palavra **tatu** por **tamanduá**:

— Alô, o _____ taí?

— Não, o _____ num tá.

— Mas a mulher do _____ tando é o mesmo que o _____ tá.

**Um desafio**: leia rapidamente o trava-língua, trocando desta vez a palavra tamanduá por tatuí.

**Uma pergunta**: você conhece um tatuí? Se não conhece, procure saber que animal é esse.

# Família silábica va, ve, vi, vo, vu

**17.** Leia e copie.

vaca
*vaca*

luva
*luva*

uvas
*uvas*

vela
*vela*

novelo
*novelo*

violão
*violão*

**18.** Leia e copie as palavras.

novela
violino
veludo
ave
novo
viola

nove
veado
veneno
violeta
luva
vulcão

**19.** Forme frases com as palavras:

a) vovô, animais.

b) vaca, grama.

c) violão, sítio.

**20.** Leia o poema.

### VACAS AVACALHADAS

Vaca amarela
lambuzou a panela.

Vaca preta
se escondeu na gaveta.

Vaca azul
voou pro sul.

Vaca branca
beijou a mula manca.

Vaca pintada
fez fora da privada.

Vaca laranja
virou uma anja.

Vaca incolor
amassou o meu amor.

E só depois de muita
a-vaca-lhação
dormiram em
nossos sonhos
pra pastar as estrelas
da constelação.

Almir Correia. Belo Horizonte: Formato, 1997.
*Poemas sapecas, rimas traquinas.*

21. Ligue de acordo com o poema.

- beijou a mula manca.
- virou uma anja.
- lambuzou a panela.
- se escondeu na gaveta.
- voou pro sul.
- fez fora da privada.

22. Ordene as sílabas e forme palavras.

a) na - ci - va
b) ão - a - vi
c) rar - vi
d) í - cu - ve - lo
e) va - lo - ca
f) lan - vo - te
g) cão - vul
h) ver - ca - na
i) lão - vi

23. Complete as palavras com as sílabas que faltam. Depois, copie as palavras.

_____ ca

a _____ ão

o _____

fi _____ la

## Palavras escritas com r entre vogais

**24.** Leia e copie.

barata
*barata*

coruja
*coruja*

urubu
*urubu*

mamadeira
*mamadeira*

jacaré
*jacaré*

cadeira
*cadeira*

**25.** Leia e copie as palavras.

cera
fera
pera
touro
ouro
feira
padeiro

garoa
amarelo
feriado
jurado
madeira
cereja

**26.** Copie a poesia.

Maria é xereta.
Subiu na cadeira.
Pegou o xarope.
Tomou um gole.
Jogou tudo fora.
Com uma careta!

a) Pinte na poesia palavras que rimam.

b) Procure saber qual é o significado da palavra xereta e forme uma frase com essa palavra.

27. Numere as imagens de acordo com as palavras. Depois, copie as palavras e separe as sílabas.

1) muro
2) sereia
3) xarope
4) pirulito
5) arame

28. Escreva frases com os nomes dos animais a seguir.

29. Leia e cante.

**A BARATA MENTIROSA**

A barata diz que tem
sete saias de filó.
É mentira da barata,
ela tem é uma só.
Ah! há há
Oh! hó hó
Ela tem é uma só.
A barata diz que tem
carro, moto e avião.
É mentira da barata,
ela só tem é caminhão.
Ah! há há
Oh! hó hó
Ela só tem é caminhão!
A barata diz que come
frango, arroz e feijão.
É mentira da barata,
ela só come é macarrão.
Ah! há há
Oh! hó hó
Ela só come é macarrão.

Cantiga popular.

• Agora complete cada frase com a palavra apropriada do quadro.

macarrão - caminhão - sete
moto - arroz - feijão - carro
avião - frango - barata - filó

A _____ mentirosa

A barata diz que tem _____
saias de _____.

A barata diz que tem _____,
_____ e _____.

É mentira, ela só tem é _____.

A barata diz que come _____,
_____ e _____.

É mentira, ela só come é _____.

## Bloco 5

**CONTEÚDOS:**
- Famílias silábicas:
  - xa, xe, xi, xo, xu
  - za, ze, zi, zo, zu
- Palavras escritas com:
  - ss
  - ge, gi

## Família silábica xa, xe, xi, xo, xu

1. Leia e copie.

xale
*xale*

peixe
*peixe*

caixa
*caixa*

lixo
*lixo*

xícara
*xícara*

abacaxi
*abacaxi*

2. Forme palavras. Siga a numeração.

| 1 | 2 | 3 | 4 | 5 | 6 | 7 |
|---|---|---|---|---|---|---|
| xa | be | ro | ca | me | ga | pe |

| 8 | 9 | 10 | 11 | 12 | 13 | 14 |
|---|---|----|----|----|----|----|
| re | xo | drez | ri | xi | ta | xe |

a) 2 - 12 - 6
b) 1 - 3 - 7
c) 1 - 10
d) 5 - 14 - 11 - 4
e) 14 - 8 - 13
f) 3 - 9

3. Copie as frases, substituindo os desenhos pelos seus nomes.

Carolina pegou a lata de ____ .

Juliana não tomou o ____ .

O ____ está maduro.

36

**4.** Complete as frases com as palavras do quadro.

enxada - lixo - peixe
xícara - xarope

Para acabar com a tosse eu uso _____.

Eu uso a pá para recolher o _____.

Para tomar café eu uso a _____.

Para cavar a terra eu uso a _____.

Eu uso uma vara para pescar _____.

**5.** Ligue o começo ao fim das sentenças.

| Xavier mexeu | a cortina. |
| Eu abaixei | na caixa do lixo. |

**Família silábica za, ze, zi, zo, zu**

**6.** Leia e copie.

Zélia
Zélia

azeitona
azeitona

zebu
zebu

azulejo
azulejo

buzina
buzina

azulão
azulão

**7.** Leia e copie as palavras.

Zazá
azedo
dúzia
beleza
azeite
juízo
vazio
anzol
doze
gozado

37

8. Pinte as palavras que têm **za, ze, zi, zo, zu**.

| zangado | casa | amizade | batizado |

| fazenda | visita | camiseta | zona |

9. Escreva o nome das imagens e separe as sílabas.

10. Complete as frases com as palavras do quadro. Depois, copie as frases.

azeitona - batizado - azedo - buzina

a) O limão é _____.

b) Papai tocou a _____.

c) Zazá foi ao _____.

d) Zélia comeu _____.

11. Leia e separe as sílabas destas palavras.

   a) zebu
   b) zelo
   c) zona
   d) zoada
   e) zunido
   f) moleza
   g) armazém

12. Procure no caça-palavras os nomes dos seguintes numerais:

   | 10 | 12 | 16 | 18 | 19 |

   | A | T | D | L | J | G | D | F | R | Z | R |
   |---|---|---|---|---|---|---|---|---|---|---|
   | S | M | E | M | P | C | D | O | I | P | G |
   | D | E | Z | O | I | T | O | H | N | L | M |
   | V | U | E | B | E | S | Z | R | T | X | Z |
   | H | J | N | A | G | D | E | Z | P | M | N |
   | O | L | O | I | T | V | X | K | H | I | L |
   | N | R | V | U | Q | Z | V | N | A | B | C |
   | L | D | E | Z | E | S | S | E | I | S | U |

Agora, escreva o nome correspondente ao lado de cada numeral.

   a) 10          f) 15
   b) 11          g) 16
   c) 12          h) 17
   d) 13          i) 18
   e) 14          j) 19

13. Que nome se dá ao conjunto formado por dez elementos?

14. Forme novas palavras trocando apenas uma letra.

   a) Troque a letra **z** da palavra **zelo** pela letra **s**.

   b) Troque a letra **z** da palavra **zona** pela letra **l**.

c) Troque a letra **z** da palavra **zunido** pela letra **p**.

d) Troque a letra **z** da palavra **reza** pela letra **t**.

15. Circule as embalagens que têm a letra **z** no nome.

a) Escreva os nomes dos produtos que você circulou.

b) Qual desses nomes tem mais letras?

c) Quantas?

d) Qual é o nome que tem menos letras?

e) Quantas?

## Palavras escritas com ss

16. Leia e copie.

**osso**
osso

**assadeira**
assadeira

**vassoura**
vassoura

**bússola**
bússola

**pêssego**
pêssego

**tosse**
tosse

**17.** Leia e copie as palavras.

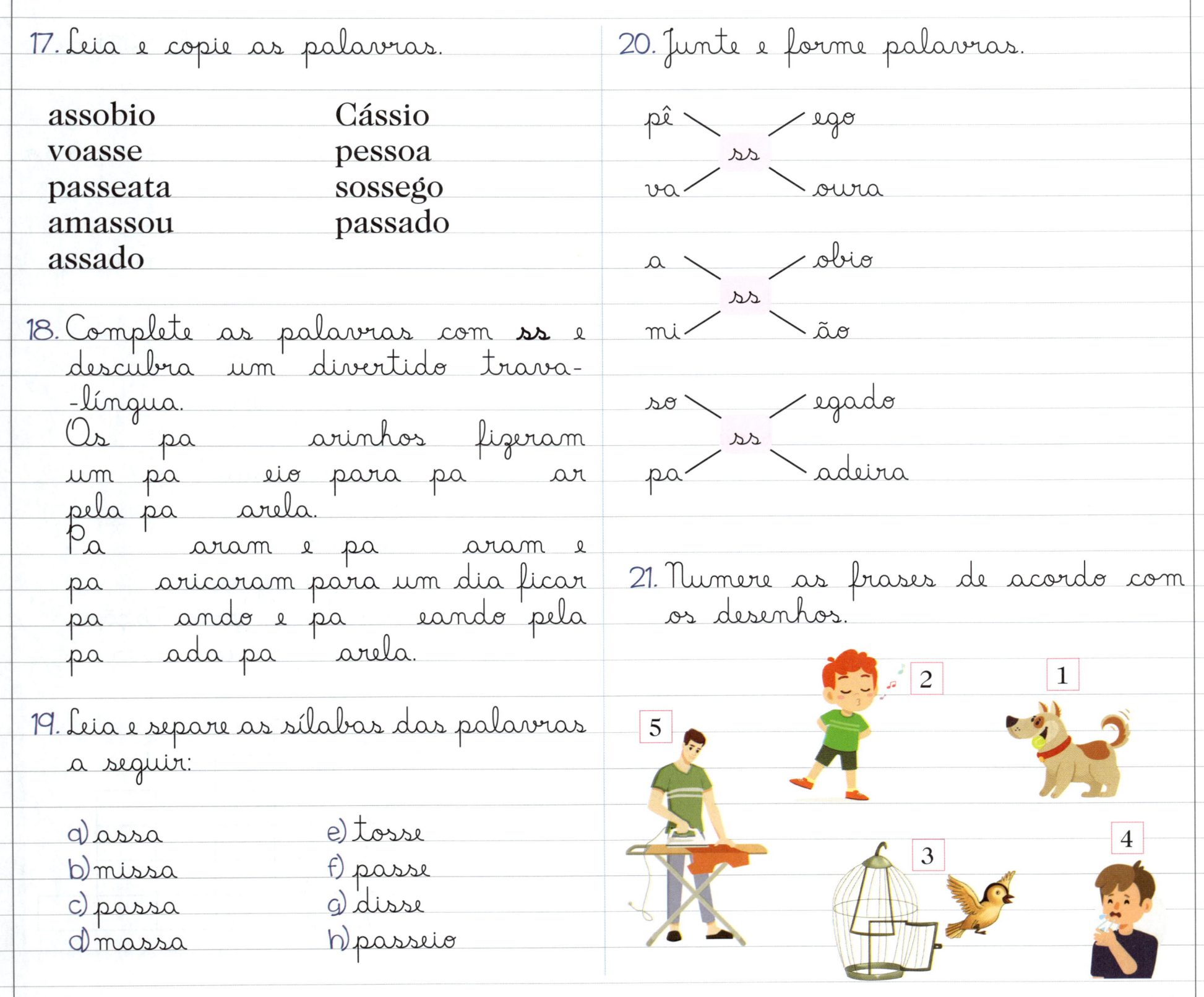

assobio     Cássio
voasse     pessoa
passeata     sossego
amassou     passado
assado

**18.** Complete as palavras com **ss** e descubra um divertido trava-língua.

Os pa___arinhos fizeram um pa___eio para pa___ar pela pa___arela.
Pa___aram e pa___aram e pa___aricaram para um dia ficar pa___ando e pa___eando pela pa___ada pa___arela.

**19.** Leia e separe as sílabas das palavras a seguir:

a) assa
b) missa
c) passa
d) massa
e) tosse
f) passe
g) disse
h) passeio

**20.** Junte e forme palavras.

pê — ss — ego
va — ss — oura

a — ss — obio
mi — ss — ão

so — ss — egado
pa — ss — adeira

**21.** Numere as frases de acordo com os desenhos.

[2] [1]
[5]
[3] [4]

41

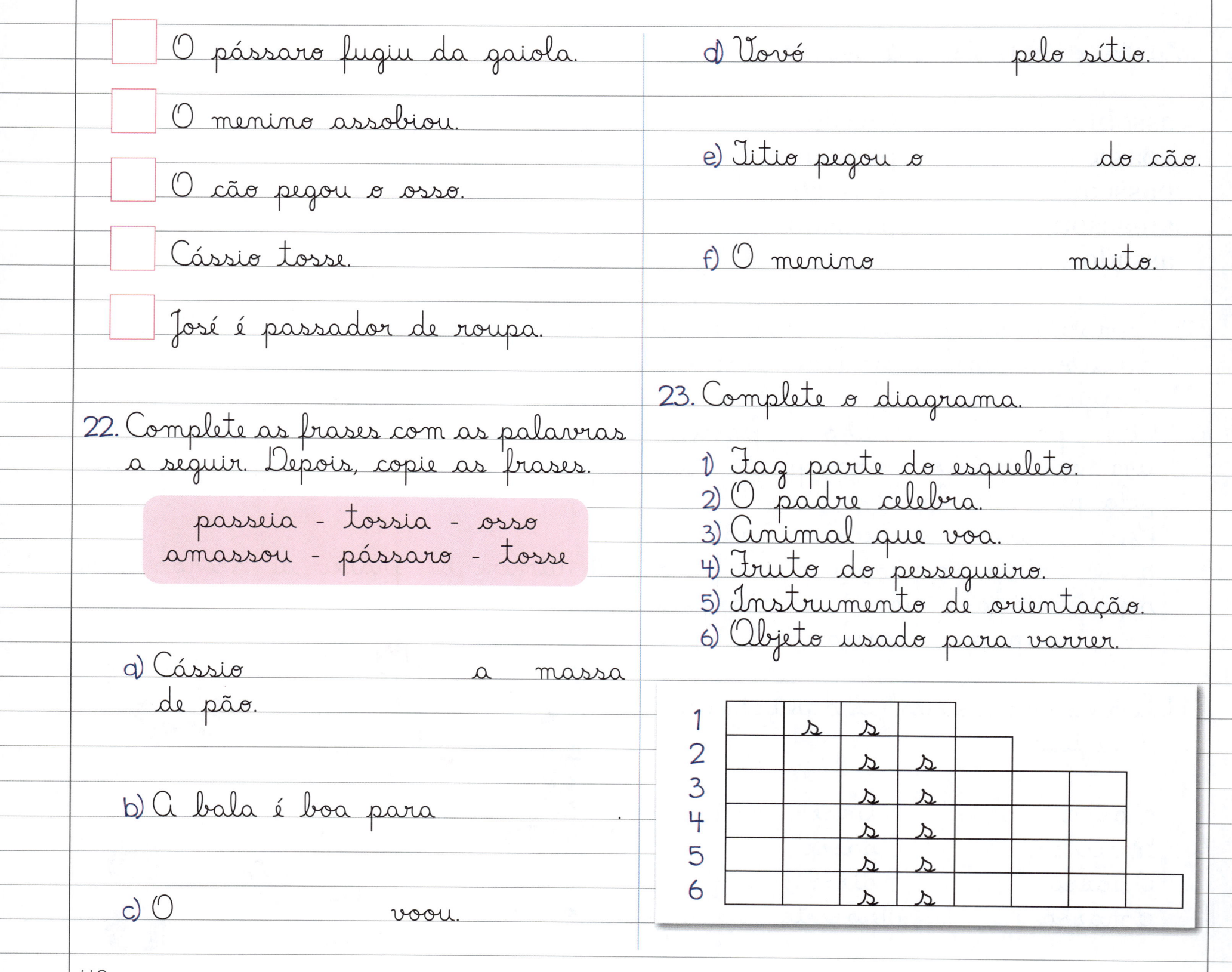

☐ O pássaro fugiu da gaiola.
☐ O menino assobiou.
☐ O cão pegou o osso.
☐ Cássio tosse.
☐ José é passador de roupa.

d) Vovó _____ pelo sítio.

e) Titio pegou o _____ do cão.

f) O menino _____ muito.

22. Complete as frases com as palavras a seguir. Depois, copie as frases.

passeia - tossia - osso
amassou - pássaro - tosse

a) Cássio _____ a massa de pão.

b) A bala é boa para _____ .

c) O _____ voou.

23. Complete o diagrama.

1) Faz parte do esqueleto.
2) O padre celebra.
3) Animal que voa.
4) Fruto do pessegueiro.
5) Instrumento de orientação.
6) Objeto usado para varrer.

|   |   | s | s |   |   |   |
|---|---|---|---|---|---|---|
| 1 |   | s | s |   |   |   |
| 2 |   |   | s | s |   |   |
| 3 |   |   | s | s |   |   |
| 4 |   |   | s | s |   |   |
| 5 |   |   | s | s |   |   |
| 6 |   |   | s | s |   |   |

**24.** Leia em voz alta.

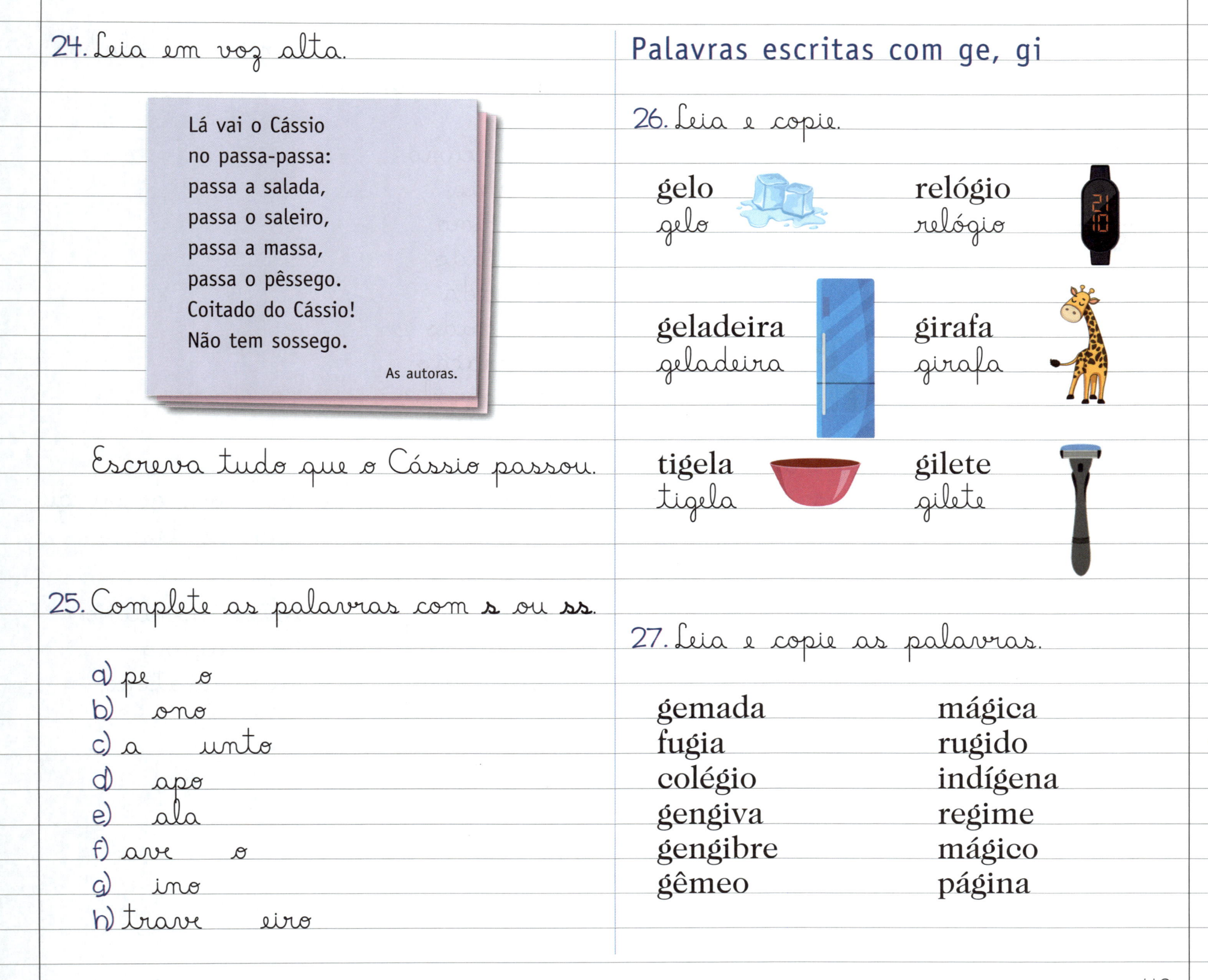

Lá vai o Cássio
no passa-passa:
passa a salada,
passa o saleiro,
passa a massa,
passa o pêssego.
Coitado do Cássio!
Não tem sossego.

As autoras.

Escreva tudo que o Cássio passou.

**25.** Complete as palavras com **s** ou **ss**.

a) pe___o
b) ___ono
c) a___unto
d) ___apo
e) ___ala
f) ave___o
g) ___ino
h) trave___eiro

## Palavras escritas com ge, gi

**26.** Leia e copie.

gelo
gelo

relógio
relógio

geladeira
geladeira

girafa
girafa

tigela
tigela

gilete
gilete

**27.** Leia e copie as palavras.

gemada
fugia
colégio
gengiva
gengibre
gêmeo

mágica
rugido
indígena
regime
mágico
página

43

**28.** Complete as palavras com **ge** ou **gi** e as copie.

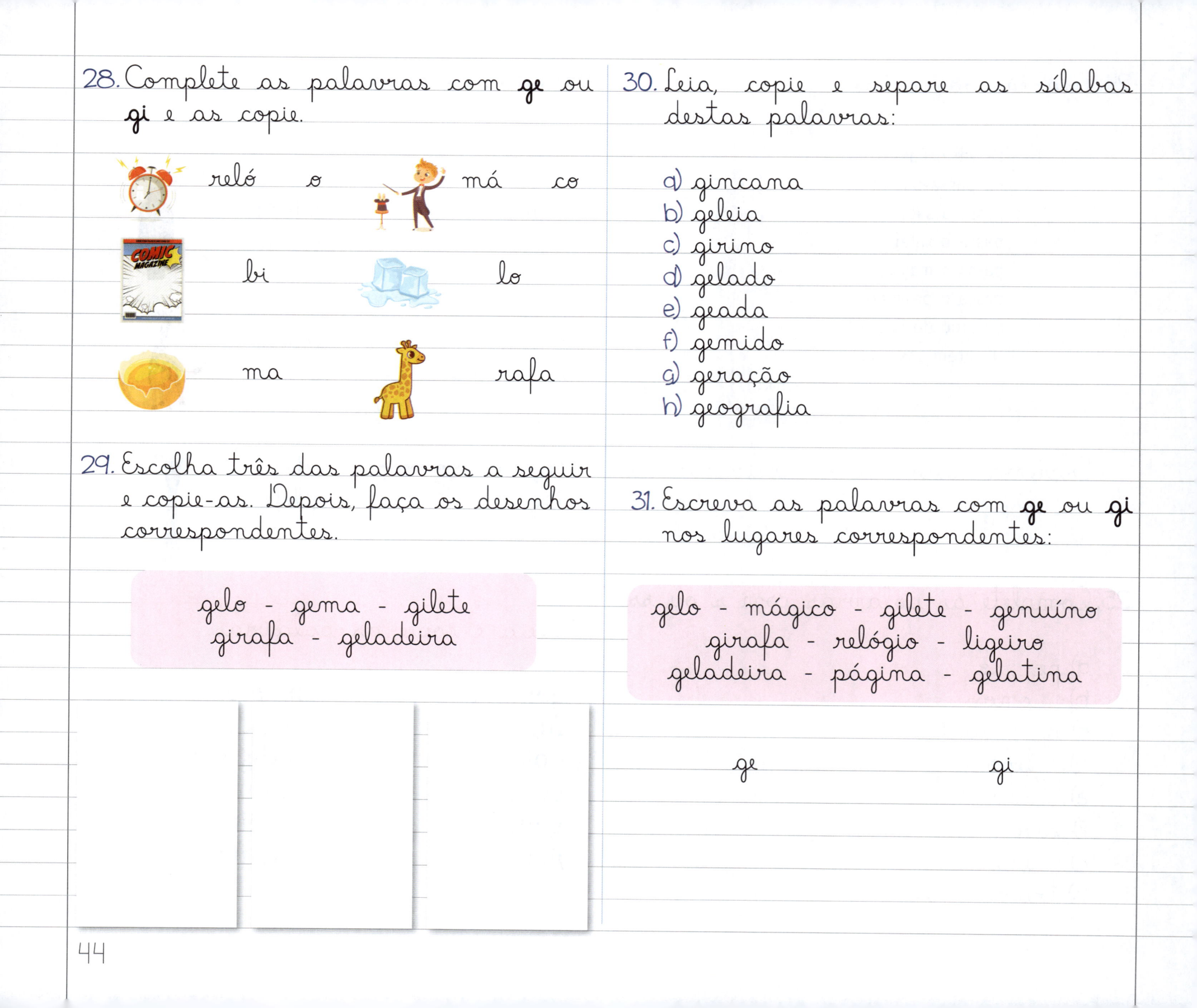

reló___o     má___co

bi___     ___lo

___ma     ___rafa

**29.** Escolha três das palavras a seguir e copie-as. Depois, faça os desenhos correspondentes.

gelo - gema - gilete
girafa - geladeira

**30.** Leia, copie e separe as sílabas destas palavras:

a) gincana
b) geleia
c) girino
d) gelado
e) geada
f) gemido
g) geração
h) geografia

**31.** Escreva as palavras com **ge** ou **gi** nos lugares correspondentes:

gelo - mágico - gilete - genuíno
girafa - relógio - ligeiro
geladeira - página - gelatina

ge          gi

44

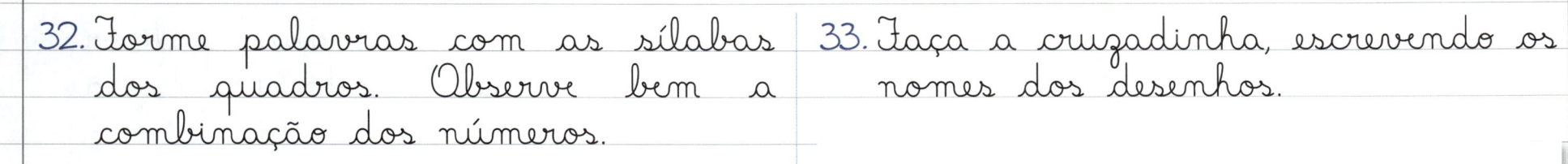

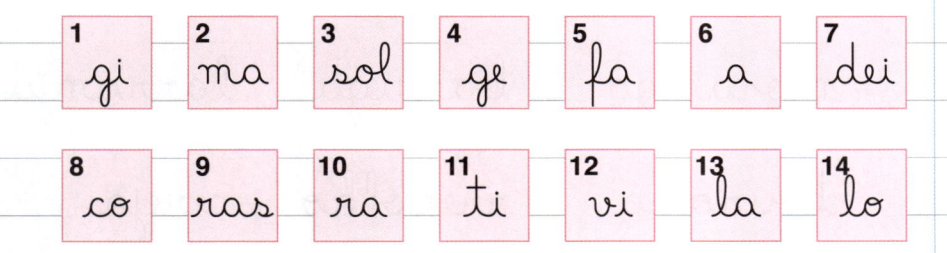

**32.** Forme palavras com as sílabas dos quadros. Observe bem a combinação dos números.

| 1 | 2 | 3 | 4 | 5 | 6 | 7 |
|---|---|---|---|---|---|---|
| gi | ma | sol | ge | fa | a | dei |

| 8 | 9 | 10 | 11 | 12 | 13 | 14 |
|---|---|---|---|---|---|---|
| co | ras | ra | ti | vi | la | lo |

a) 4 - 2

b) 1 - 10 - 5

c) 1 - 9 - 3

d) 4 - 14

e) 12 - 1 - 6

f) 4 - 13 - 7 - 10

g) 11 - 4 - 13

h) 2 - 1 - 8

**33.** Faça a cruzadinha, escrevendo os nomes dos desenhos.

45

## Bloco 6

**CONTEÚDOS:**
- Palavras escritas com:
  - rr
  - nha, nhe, nhi, nho, nhu
  - ça, ço, çu
  - an, en, in, on, un

## Palavras escritas com rr

1. Leia e copie.

**cigarra**
cigarra

**barraca**
barraca

**jarra**
jarra

**ferro**
ferro

**garrafa**
garrafa

**torre**
torre

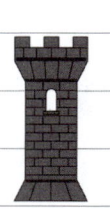

2. Em cada coluna há duas palavras com a grafia errada. Localize-as.

carapato   rosa      rromã

morango    barriga   larranja

tourada    rrepolho  cereja

tangerrina aruda     relógio

3. Complete as palavras com **rr** e as copie.

fe___adura

ve___uga

maca___ão

ma___eco

ba___igudo

46

4. Separe as sílabas das palavras.

a) carruagem
b) corrida
c) burrico
d) beterraba
e) torrada
f) terra
g) terreno
h) cachorro

5. Leia e agrupe as palavras do quadro nos lugares correspondentes:

buraco - rede - roda - ferro
correio - madeira - arra - colorido
roupa - parede - recado - carrapato
burro - janeiro - robô

rato        barata        cigarra

**Palavras escritas com nha, nhe, nhi, nho, nhu**

6. Leia e copie:

**galinha**
galinha

**minhoca**
minhoca

**dinheiro**
dinheiro

**unha**
unha

**rainha**
rainha

**aranha**
aranha

7. Ordene as sílabas, formando palavras.

nhei - ba - ro
zi - vi - nho
ca - to - nho
nho - fo - ci
nha - mi
ta - de - nhis - se

**8.** Complete as palavras com:

*nha, nhe, nhi, nho, nhu*

a) fro____   e) mi____ca

b) ____ni   f) ____u

c) gafa____to   g) ____ba

d) ____ne____ma   h) joani____

**9.** Faça como no modelo.

*sapato - sapatinho*

a) dado
b) pato
c) rato
d) caneta
e) mesa
f) bola
g) sapo
h) carro

**10.** Separe as sílabas das palavras e complete o quadro ao lado, assinalando com um **X** o número de sílabas.

| | 1 | 2 | 3 | 4 |
|---|---|---|---|---|
| unha | | | | |
| vizinho | | | | |
| pinho | | | | |
| minhoca | | | | |
| cozinhando | | | | |
| carinho | | | | |
| sonho | | | | |
| menininha | | | | |
| caminho | | | | |

## Palavras escritas com ça, ço, çu

**11.** Leia e copie.

carroça
carroça

laço
laço

taça
taça

poço
poço

fumaça
fumaça

maçã
maçã

**12.** Reescreva as palavras colocando a cedilha e depois separe as sílabas.

a) fumaca
b) graca
c) cabecudo
d) terraco
e) cacula

**13.** Complete as palavras com c ou ç:

a) _ebola
b) solu_o
c) ba_ia
d) cabe_a
e) mo_o

f) ro_a
g) fa_e
h) caro_o
i) re_ibo
j) ro_eiro

**14.** Procure no diagrama palavras com **ç** e, em seguida, escreva-as nos lugares corretos.

| B | R | A | Ç | O | O | T | C | A |
|---|---|---|---|---|---|---|---|---|
| L | J | F | H | N | G | Z | A | U |
| F | H | D | S | Ç | L | P | R | S |
| M | R | Q | B | A | O | Z | R | T |
| M | O | Ç | A | V | T | X | O | P |
| L | M | P | S | H | U | Q | Ç | H |
| D | C | M | A | Ç | Ã | H | A | U |
| R | G | H | B | L | P | V | F | T |
| C | O | R | A | Ç | Ã | O | N | G |

49

**15.** Forme palavras.

| be | – | ça | – | ca |
| ti | – | fei | – | ço |
| ço | – | bei | | |
| da | – | ço | – | pe |
| mo | – | al | – | ço |
| da | – | cal | – | ça |

## Palavras escritas com an, en, in, on, un

**16.** Leia e copie.

anjo
*anjo*

ponte
*ponte*

tinta
*tinta*

dente
*dente*

onça
*onça*

índio
*índio*

**17.** Leia e copie as palavras.

onda

antigo

lindo

domingo

canto

vento

elefante

banco

mundo

balança

montanha

ponto

santa

bandeira

pintura

nunca

**18.** Complete as frases com as palavras do quadro.

jumento - índio - bandeira - canjica

a) A _____ foi hasteada.
b) O _____ come capim.
c) A merenda é _____.
d) O _____ caça.

**19.** Leia e separe as sílabas destas palavras.

a) angu
b) ponche
c) cinto
d) fundo
e) pente
f) índio
g) gente
h) junto

**20.** Encontre e pinte no diagrama os nomes dos animais.

jumento — onça — andorinha

rinoceronte — elefante — anta

| A | N | D | O | R | I | N | H | A | Ç | I |
|---|---|---|---|---|---|---|---|---|---|---|
| L | J | F | A | N | G | A | A | J | N | B |
| F | H | O | N | Ç | A | O | S | U | Q | O |
| M | R | Q | T | A | O | G | R | M | P | S |
| F | O | X | A | V | T | O | O | E | Z | T |
| R | I | N | O | C | E | R | O | N | T | E |
| C | O | E | L | E | F | A | N | T | E | M |
| L | M | P | S | H | U | Q | Ç | O | W | I |

51

## Bloco 7

**CONTEÚDOS:**
- Palavras escritas com:
  – am, em, im, om, um
  – lha, lhe, lhi, lho, lhu
  – ar, er, ir, or, ur
  – qua, quo

## Palavras escritas com am, em, im, om, um

1. Leia e copie.

bombom
*bombom*

bumbo
*bumbo*

lâmpada
*lâmpada*

pomba
*pomba*

empada
*empada*

tampa
*tampa*

2. Ordene as sílabas e forme palavras.

bo - tom
ba - trom
bo - chum
go - pre - em
ba - bom
pa - tam
mem - ho
ba - sam

3. Escreva os nomes das imagens de acordo com a numeração.

1)
2)
3)
4)
5)
6)
7)

52

4. Observe as imagens, depois, identifique seu nome no quadro de palavras e escreva-o ao lado da imagem:

empada - bombom - pudim
ambulância - pomba - tampa

5. Complete as palavras com m ou n e as copie.

Antes de p e b, usamos m.

a) ta___bor
b) fu___do
c) e___pada
d) ba___co
e) pe___te
f) lâ___pada
g) mu___do
h) bo___bom

6. Separe as sílabas destas palavras:

a) campo
b) bomba
c) samba
d) tombo
e) bumbo
f) bamba
g) tampa
h) tempo

7. Complete as palavras com:

am, em, im, om, um

a) ___pola
b) b___beiro
c) ont___
d) jard___
e) p___ba
f) b___bu
g) ___bigo
h) c___po
i) ___baixo
j) g___bá
k) l___po
l) t___po

8. Ordene as palavras e forme frases.

a) tem do Olímpio relâmpago medo.

b) Antônio O foi o campeão de time.

c) pudim de O uma está laranja delícia.

9. Faça como no modelo.

o bombom

os bombons

o pudim

a nuvem

**Palavras escritas com lha, lhe, lhi, lho, lhu**

10. Leia e copie.

**abelha**
abelha

**ilha**
ilha

**coelho**
coelho

**olho**
olho

**folha**
folha

**agulha**
agulha

11. Substitua o l por lh e forme novas palavras.

mola
tela
filo
mole
colo
vela

**12.** Complete as palavras com **lha, lhe, lhi, lho, lhu**. Depois, copie as palavras e separe as sílabas.

a) reco___do
b) fi___
c) ga___
d) coe___
e) toa___
f) joe___
g) bi___te
h) ore___do
i) pa___
j) mo___
k) pa___ta
l) abe___do

**13.** Ordene e forme palavras com as sílabas.

a) lha – te – do
b) ga – lho – sa – a
c) e – co – lho
d) ma – lhe – ra – te
e) po – lho – re

**14.** Complete as palavras com **lh** e com **nh**.

a) coe___i___o
b) agu___i___a
c) ore___i___a
d) toa___i___a

## Palavras escritas com ar, er, ir, or, ur

**15.** Leia e copie.

árvore
árvore

colher
colher

armário
armário

martelo
martelo

porta
porta

colar
colar

**16.** Forme novas palavras. Siga o exemplo.

> lago     largo

baba
cata
moto
fada
pena
ama

**17.** Siga o modelo.

a colher     as colheres

a) a formiga
b) o circo
c) a argola
d) a árvore
e) o cantor
f) o colar
g) o jogador
h) o pintor

i) a porta
j) o armário
k) o apresentador
l) o círculo

**18.** Ordene as sílabas e escreva as palavras. Depois, separe as sílabas.

a) nei – car – ro   carneiro car-nei-ro
b) e – va – le – dor
c) do – gor
d) ve – te – sor

**19.** Pinte no diagrama os nomes das imagens. Depois, escreva o nome de cada uma delas no lugar correspondente.

| S | U | R | S | O | Y | Z | Z | C | Q | C |
|---|---|---|---|---|---|---|---|---|---|---|
| O | M | E | M | P | C | D | O | O | P | I |
| R | E | Z | M | A | R | T | E | L | O | R |
| V | U | E | B | E | S | Z | R | A | X | C |
| E | J | N | A | G | P | P | O | R | C | O |
| T | F | O | R | M | I | G | A | H | I | L |
| E | R | V | U | Q | Z | C | A | R | T | A |
| L | R | O | Z | K | S | Ç | B | A | V | U |

## Palavras escritas com qua, quo

**20.** Leia e copie.

**aquário**
aquário

**aquarela**
aquarela

**quarto**
quarto

**quati**
quati

**21.** Leia e copie as palavras.

adequado        enquanto
qualidade       quartel
quota           quarenta
taquara         qualificado
aquático        quórum
quando          quadra
quanto          aquoso

**22.** Ligue os nomes aos desenhos.

aquarela

aquário

quarenta

quati

57

## Bloco 8

**CONTEÚDOS:**
- Palavras escritas com:
  - que, qui
  - as, es, is, os, us
  - s entre vogais
  - al, el, il, ol, ul

## Palavras escritas com que, qui

1. Leia e copie.

leque
leque

máquina
máquina

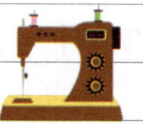

queijo
queijo

orquídea
orquídea

quiabo
quiabo

queixo
queixo

2. Leia as palavras e separe as sílabas.

a) quiabo
b) quieto
c) quilo
d) aqui
e) aquilo
f) caqui
g) queda
h) quero
i) pequeno
j) moleque
k) periquito
l) quente
m) queixa
n) quintal
o) quitanda
p) questão
q) quermesse
r) quilombo

3. Complete as palavras, empregando **que** ou **qui**. Numere os desenhos observando o nome de cada um.

1) ___ ke

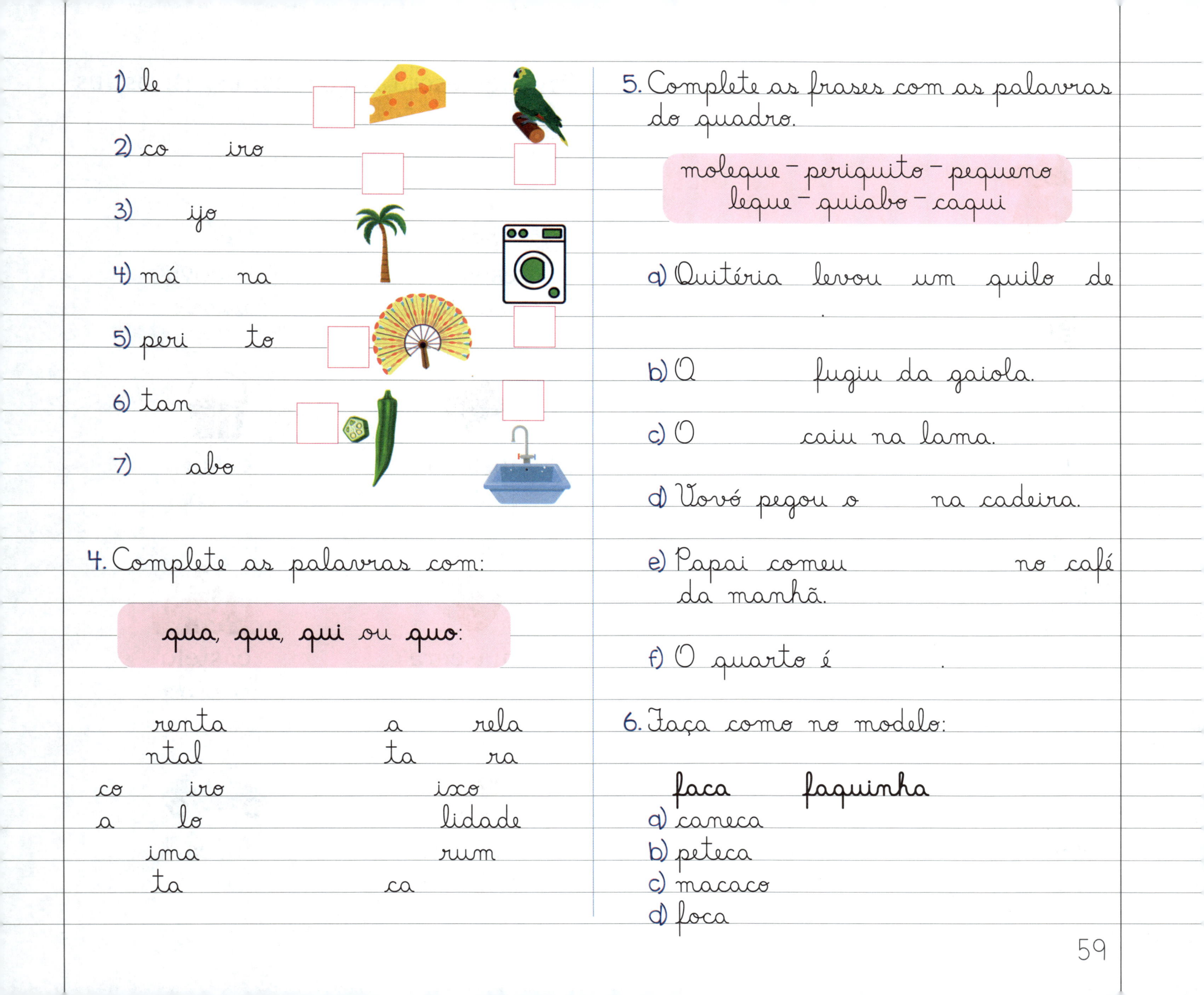

2) co ___ iro

3) ___ ijo

4) má ___ na

5) peri ___ to

6) tan ___

7) ___ abo

4. Complete as palavras com:

**qua, que, qui ou quo**:

___ renta          a ___ rela
___ ntal           ___ ta ___ ra
co ___ iro         ___ ixco
a ___ lo           ___ lidade
___ ima            ___ rum
___ ta             ___ ca

5. Complete as frases com as palavras do quadro.

moleque – periquito – pequeno
leque – quiabo – caqui

a) Quitéria levou um quilo de ___ .

b) O ___ fugiu da gaiola.

c) O ___ caiu na lama.

d) Vovó pegou o ___ na cadeira.

e) Papai comeu ___ no café da manhã.

f) O quarto é ___ .

6. Faça como no modelo:

**faca   faquinha**

a) caneca
b) peteca
c) macaco
d) foca

59

7. Forme frases com os nomes dos animais:

8. Leia e responda as adivinhas.

O que é, o que é?

Parece um papagaio,
é lindo, é um amor.
Azul, verde ou amarelo,
alegra aonde for.

.

O que é, o que é?

De leite ele é feito,
muito bom e nutritivo.
Seu nome rima com beijo.
Vamos, seja criativo!

.

Palavras escritas com as, es, is, os, us

9. Leia e copie.

**escada**
escada

**escova**
escova

**fósforo**
fósforo

**cesta**
cesta

**máscara**
máscara

**castelo**
castelo

**biscoito**
biscoito

**fusca**
fusca

**10.** Localize no diagrama 8 palavras com **as, es, is, os, us**.

```
f a b m a l g o d ã f p q u r
u x i z b t b y q u l m c v e
g l c h u r r a s c o u c l s
a m u c s o t a n o r b ç õ p
s o m b c r y i v p e s u e e
e i s c a e u q b o s q u e i
r o m s r e s p o s t a r b t
d e n t i s t a a q a v l r o
```

**11.** Complete as palavras com:

**as, es, is, os, us**

a) d___co  
b) v___tido  
c) ___cova  
d) b___coito  
e) m___ca  
f) Aug___to  
g) ___cola  
h) c___ta  
i) ___pelho  
j) c___ca  

**12.** Pinte:

- de azul palavras com **as**.
- de verde palavras com **es**.
- de vermelho palavras com **is**.
- de amarelo palavras com **os**.
- de laranja palavras com **us**.

| pasta | custo | poste |
| costela | escama | estojo |
| pista | espaço | animais |
| fósforo | mostarda | mosquito |
| alpiste | lápis | floresta |
| pastel | susto | casca |

13. Leia e separe as sílabas destas palavras:

a) custo
b) susto
c) escada
d) escola
e) espiga
f) lista
g) mosca
h) rosto

14. Leia o texto.

**ESTELA E ESTÊVÃO**

Estela escreveu
um bilhete de amor
pro Estêvão,
estudante de sua escola.

Exibido, Estêvão
xerocou a declaração
e espalhou que a bela Estela,
sempre esquiva,
estava na esquina à sua espera.

Estela, de raiva, espumou
e preparou pro Estêvão
uma bela esparrela.

Desenhou um espantalho
com a cara de Estêvão
e nele escreveu:
"Este é o estufado Estêvão,
um estupendo e completo estúpido!"

Elias José. *Balancê do abecê*.
São Paulo: Paulus, 1996.

a) Copie as palavras do texto que começam com **es**.

b) Quantas palavras você encontrou?

## Palavras escritas com s entre vogais

15. Leia e copie.

rosa
*rosa*

casa
*casa*

casaco
*casaco*

vaso
*vaso*

mesa
*mesa*

besouro
*besouro*

16. Leia e copie os versos.

Rosas no vaso.
Vaso na mesa.
Mesa na casa.

Casa no piso.
Piso na terra.
Na terra, rosas.

a) Escolha um dos versos e o represente por meio de um desenho.

b) Procure nos versos palavras com **as, es, is, os** e escreva-as nos lugares correspondentes:

as      es      is      os

17. Ordene as palavras e forme frases.

a) vai de Papai para casa carro.

b) é de barro O vaso.

c) não O gola casaco tem.

18. Leia, copie e separe as sílabas destas palavras.

a) asa
b) casa

c) mesa
d) rosa
e) casaco
f) visita
g) tesoura
h) camiseta
i) parafuso

19. Junte as sílabas e forme palavras. Siga a numeração.

| 1 | 2 | 3 | 4 | 5 | 6 | 7 |
|---|---|---|---|---|---|---|
| ra | po | ca | vi | ga | gu | li |
| 8 | 9 | 10 | 11 | 12 | 13 | 14 |
| na | me | sa | so | co | pe | ri |
| 15 | 16 | 17 | 18 | 19 | 20 | 21 |
| si | go | lo | ta | ro | mú | va |

a) 3 - 10 - 12     casaco

b) 5 - 11 - 7 - 8

c) 4 - 15 - 18

d) 6 - 17 - 11

e) 13 - 14 - 16 - 11

f) 20 - 15 - 3

g) 19 - 10

h) 9 - 10

i) 21 - 11

j) 1 - 2 - 10

k) 13 - 11

20. Marque um X nas afirmações coretas. O **s** tem o mesmo som nas palavras:

( ) mesa e mesma.
( ) camisa e risada.
( ) espantalho e música.
( ) sorriso e guloso.

**Palavras escritas com al, el, il, ol, ul**

21. Leia e copie.

caracol
caracol

soldado
soldado

funil
funil

dedal
dedal

carretel
carretel

pincel
pincel

**22.** Complete as palavras com **m** ou **n**. Depois, copie-as.

ba___da
deze___bro
le___brar
ti___ta
e___prego
a___tigo
de___te
tro___ba
sa___ba
pe___te
e___graçado
ca___painha

**23.** Complete as palavras com **al**, **el**, **il**, **ol**, **ul**. Depois, copie-as.

___s        an___

barr___        face___

jorn___        p___seira

**24.** Leia as palavras e copie-as nos lugares correspondentes:

pulga - anil - carnaval - mel
bolso - funil - pulseira
soldado - pastel - jornal

a) al
b) el
c) il
d) ol
e) ul

65

**25.** Forme o plural. Siga o modelo.

o barril — os barris

o funil

o anzol

o caracol

o dedal

o jornal

o anel

o pincel

o hotel

**26.** Separe as sílabas das palavras e escreva o número de sílabas. Siga o modelo.

a) talco      tal-co      2

b) filme

c) alface

d) algodão

e) bolsa

f) alfinete

g) anel

**27.** Forme palavras com as sílabas do quadro, observando os números.

| 1 | 2 | 3 | 4 | 5 | 6 |
|---|---|---|---|---|---|
| de | ma | sol | pa | do | mi |

| 7 | 8 | 9 | 10 | 11 | 12 |
|---|---|---|---|---|---|
| bal | dal | da | to | pal | pel |

a) 1 - 8
b) 7 - 1
c) 3 - 9 - 5
d) 11 - 2 - 9
e) 4 - 12
f) 11 - 6 - 10

28. Complete as palavras com as sílabas.

**al, el, il, ol, ul**

a) carret
b) quint
c) lenç
d) az
e) jorn
f) carnav
g) fác

h) difíc
i) automóv
j) igu
k) loc
l) pai
m) p    vo
n) pain
o) leg
p) s    gado
q) m    ta
r) var
s) c    tura
t) futeb

67

## Bloco 9

**CONTEÚDOS:**
- Palavras escritas com:
- cha, che, chi, cho, chu
- ha, he, hi, ho, hu
- gue, gui
- gua, guo
- az, ez, iz, oz, uz

## Palavras escritas com cha, che, chi, cho, chu

1. Leia e copie.

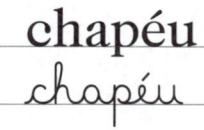

**chapéu**
chapéu

**cachorro**
cachorro

**chupeta**
chupeta

**cachimbo**
cachimbo

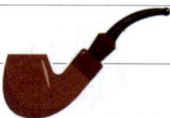

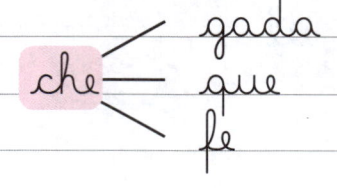

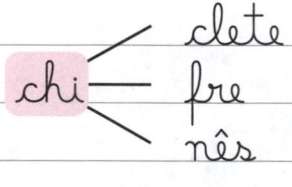

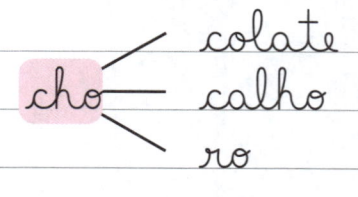

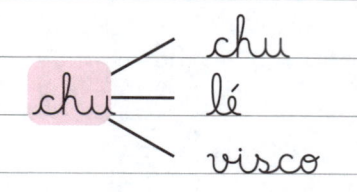

**chuveiro**
chuveiro

**chinelo**
chinelo

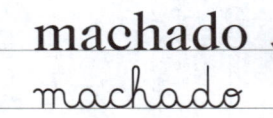

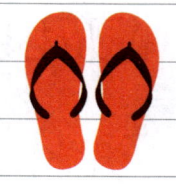

chaveiro
chaveiro

machado
machado

2. Ligue e forme palavras.

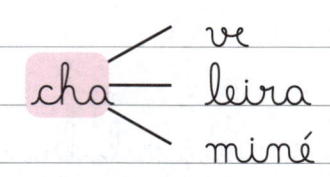

cha — ve / leira / miné

che — gada / que / fé

chi — clete / fre / nês

cho — colate / calho / ro

chu — chu / lé / visco

68

3. Leia, copie e separe as sílabas das palavras.

- cachimbo
- chuteira
- chave
- cachecol
- chuchu
- chaveiro
- chão
- chapéu
- charrete
- chocolate

4. Complete as frases com as palavras do quadro.

> chave - chinelo - chá
> chaveiro - charuto

a) O _____ é do papai.

b) Vovó tomou _____ e comeu torrada.

c) Felipe viu a _____ do carro no _____.

d) O _____ é do vovô.

5. Copie as palavras nas linhas corretas.

> Chico - chocolate - chinelo
> chocalho - chupeta - chamada
> chefe - chuveiro - chegar - chave

a) cha
b) che
c) chi
d) cho
e) chu

69

6. Complete com:

**cha, che, chi, cho, chu**

a) bola ___
b) ma___do
c) ___calho
d) ___ruto
e) ___visco
f) fre___
g) ___nelo
h) ___péu
i) ___nesa
j) ___mada

7. Complete as palavras com:

**ch, lh ou nh**

a) bi___ete
b) ___inelo
c) cozi___a
d) ___apéu
e) nava___a
f) ca___orro
g) ara___a
h) coe___o
i) gali___a
j) cego___a

## Palavras escritas com ha, he, hi, ho, hu

8. Preencha a tabela silábica.

|    | a | e | i | o | u |
|----|---|---|---|---|---|
| nh |   |   |   |   |   |
| lh |   |   |   |   |   |
| ch |   |   |   |   |   |

9. Leia e copie.

**hipopótamo**
hipopótamo

**homem**
homem

**hiena**
hiena

**hélice**
hélice

**harpa**
harpa

**horta**
horta

10. Leia e copie as palavras.

a) hora
b) horário
c) Horácio
d) história
e) havia
f) humor
g) harpa

11. Leia e separe as sílabas destas palavras:

a) herói
b) hino
c) hoje
d) hotel
e) higiene
f) história
g) homem
h) honesto
i) humilde
j) hospital
k) hóspede
l) hectare

12. Leia.

> Hugo e Helena tocam harpa no Hotel Havaí.
> Hugo está habituado a tocar para os hóspedes do hotel.
> Helena tem muita habilidade para tocar harpa.
> Um homem pediu para Hugo e Helena tocarem um hino na hora do jantar.
> Foi um sucesso!
> Eles ganharam do hoteleiro um ramalhete de hortênsias.
> Hugo e Helena agradeceram com muita humildade.
>
> As autoras.

Circule no texto todas as palavras escritas com H maiúsculo e sublinhe as palavras escritas com h minúsculo. Depois, responda.

a) Qual é o instrumento que Hugo e Helena tocam?

b) Onde eles tocam?

c) Copie do texto a frase que fala sobre uma qualidade de Helena.

d) Que tipo de música Hugo e Helena tocaram na hora do jantar?

☐ bolero  ☐ valsa  ☐ hino

e) O que eles receberam do hoteleiro como prêmio?

## Palavras escritas com gue, gui

**13.** Leia e copie.

**caranguejo**
caranguejo

**guitarra**
guitarra

**fogueira**
fogueira

**Miguel**
Miguel

**águia**
águia

**foguete**
foguete

**14.** Leia e separe as sílabas destas palavras:

a) mangueira
b) guerra
c) pessegueiro
d) formigueiro
e) Guilherme
f) seguida
g) sangue
h) guitarra
i) foguete
j) amiguinho
k) mangue

**15.** Observe o modelo e continue o exercício.

formiga    formiguinha

a) manga

b) figo

c) pêssego

16. Forme palavras de acordo com a numeração e, depois, separe as sílabas das palavras. Siga o modelo.

| 1 | 2 | 3 | 4 | 5 | 6 | 7 | 8 |
|---|---|---|---|---|---|---|---|
| fi | te | mi | zo | ra | fo | for | pe |
| 9 | 10 | 11 | 12 | 13 | 14 | 15 | 16 |
| ro | gue | gui | guei | nha | nho | tar | man |

a) 11 - 4

b) 16 - 10

c) 6 - 12 - 5

d) 1 - 11 - 14

e) 11 - 15 - 5

f) 7 - 3 - 12 - 9

g) 8 - 12

h) 6 - 10 - 2

i) 7 - 3 - 11 - 13

## Palavras escritas com gua, guo

17. Leia e copie.

égua
égua

guardanapo
guardanapo

guarda
guarda

guaraná
guaraná

guarda-roupa
guarda-roupa

régua
régua

18. Leia e copie as palavras.

guaxinim
guache
aguaceiro
Guanabara
linguagem
aguado

19. Complete as palavras com **gua** e copie-as.

é___

___che

á___

lín___

___raná

rdanapo___

20. Leia, separe as sílabas das palavras e escreva o número de sílabas de cada palavra.

a) guarani

b) guarda

c) língua

d) régua

e) águo

f) água

g) aguar

h) enxáguo

i) enxaguar

21. Leia as palavras e copie-as nos lugares correspondentes:

águo - régua
enxáguo - guarani - égua

gua                guo

**22.** Forme palavras de acordo com a numeração.

| 1 | 2 | 3 | 4 | 5 | 6 | 7 | 8 |
|---|---|---|---|---|---|---|---|
| gua | da | en | é | che | xa | ra | lin |

| 9 | 10 | 11 | 12 | 13 | 14 | 15 | 16 |
|---|---|---|---|---|---|---|---|
| a | ná | guar | na | guo | á | gem | po |

a) 1 - 7 - 10
b) 4 - 1
c) 11 - 2 - 12 - 16
d) 3 - 6 - 11
e) 14 - 13
f) 8 - 1 - 15
g) 1 - 5
h) 9 - 1 - 2

**Palavras escritas com az, ez, iz, oz, uz**

**23.** Leia e copie.

**nariz**
nariz

**dez**
dez

**perdiz**
perdiz

**capuz**
capuz

**cartaz**
cartaz

**noz**
noz

**24.** Distribua as palavras do quadro nos lugares corretos.

perdiz - rapidez - capaz - capuz
voraz - noz - palidez - veloz
traz - timidez - reluz - aprendiz
vez - juiz - rapaz

| az | ez |
|---|---|
|  |  |
|  |  |
|  |  |
|  |  |

| iz | oz | uz |
|---|---|---|
|  |  |  |
|  |  |  |
|  |  |  |

75

25. Em cada frase há uma palavra incompleta. Complete essas palavras com **az, ez, iz, oz, uz**. Depois copie as frases.

   a) O mundo precisa de p____.

   b) Roberta acendeu a l____.

   c) Aurinha comeu feijão com arr____.

   d) A perd____ é uma ave.

   e) O aluno fez sua tarefa com rapid____.

26. Complete os espaços com **az, ez, iz, oz, uz** e copie as palavras separando suas sílabas.

   a) p____
   b) d____
   c) arr____
   d) cr____
   e) avestr____
   g) l____
   h) cart____
   i) nar____
   j) surd____
   k) fel____

27. Siga o modelo.

   noz    nozes    voz    vozes

   a) capaz
   b) nariz
   c) vez
   d) rapaz
   e) capuz
   f) feroz
   g) raiz
   h) feliz

28. Observe o cartaz.

> Assista à nossa peça:
> "O nariz de Pinóquio"
> Informações no 1º ano A

Agora, faça um cartaz usando a palavra a seguir:

Feroz

29. Leia.

Era uma vez um palhaço chamado Juarez.
Ele gostava de fazer caretas e dar cambalhotas.
Juarez pintava o nariz de vermelho.
Seu nariz ficava engraçado.
A meninada ficava feliz ao ver Juarez.

As autoras.

Responda.

a) Como se chamava o palhaço?

b) O que ele gostava de fazer?

c) O que Juarez pintava de cor vermelha?

d) Como ele ficava?

e) Como a meninada ficava ao ver o palhaço Juarez?

# Bloco 10

**CONTEÚDOS:**
- Palavras escritas com:
  - bl, cl, fl, gl, pl, tl
  - br, cr, dr, fr, gr, pr, tr, vr
- Palavras escritas com til / Formação do plural
- Os sons do x

## Palavras com bl, cl, fl, gl, pl, tl

1. Leia as palavras e complete as famílias silábicas.

| | | | | | | |
|---|---|---|---|---|---|---|
| placa | | | | | | |
| atleta | | | | | | |
| clara | | | | | | |
| bloco | | | | | | |
| flauta | | | | | | |
| globo | | | | | | |

2. Leia e separe as sílabas das palavras.

a) classe
b) blusa
c) clima
d) flecha
e) glacê
f) teclado
g) globalização
h) panfleto
i) placas
j) bloqueio
k) cloro
l) floricultura

3. Leia e copie as palavras:

a) glória
b) plano
c) planta
d) atlas
e) atleta
f) flanela
g) problema

4. Escreva o nome das figuras abaixo.

5. Complete os espaços com as sílabas que faltam.

| | lei | |

| ca | | |

| es | | ga | |

| a | | ca |

6. Copie as frases, substituindo os desenhos pelos seus nomes.

A cor da 🚲 de Clóvis é azul-claro.

Clarice usou a 🍳 do 🥚 para fazer glacê.

O clima tropical faz bem às 🪴.

O 📕 e o 🌐 terrestre pertencem à biblioteca da escola.

7. Leia.

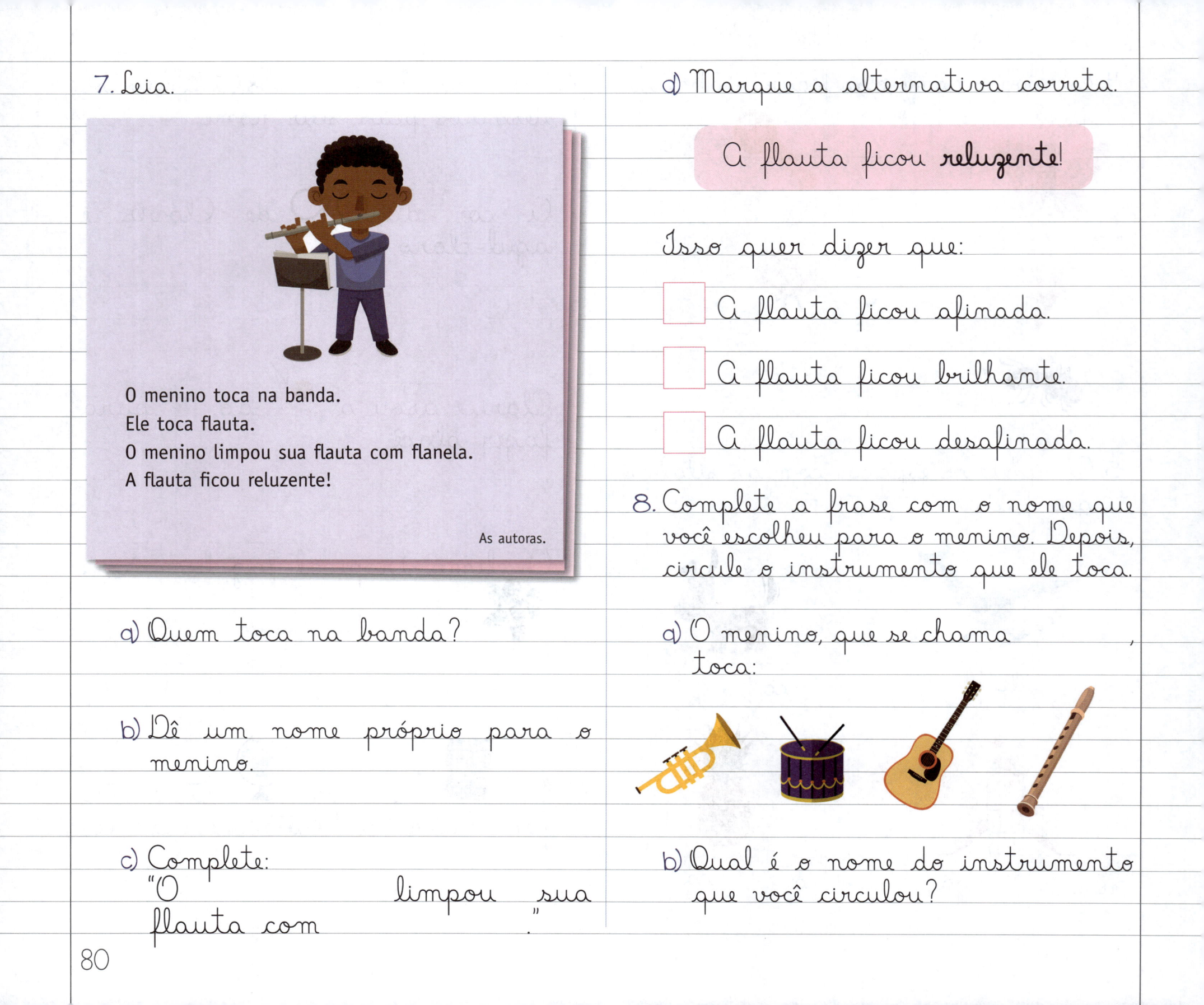

O menino toca na banda.
Ele toca flauta.
O menino limpou sua flauta com flanela.
A flauta ficou reluzente!

As autoras.

a) Quem toca na banda?

b) Dê um nome próprio para o menino.

c) Complete:
"O _____ limpou sua flauta com _____."

d) Marque a alternativa correta.

A flauta ficou **reluzente**!

Isso quer dizer que:

☐ A flauta ficou afinada.

☐ A flauta ficou brilhante.

☐ A flauta ficou desafinada.

8. Complete a frase com o nome que você escolheu para o menino. Depois, circule o instrumento que ele toca.

a) O menino, que se chama _____, toca:

b) Qual é o nome do instrumento que você circulou?

80

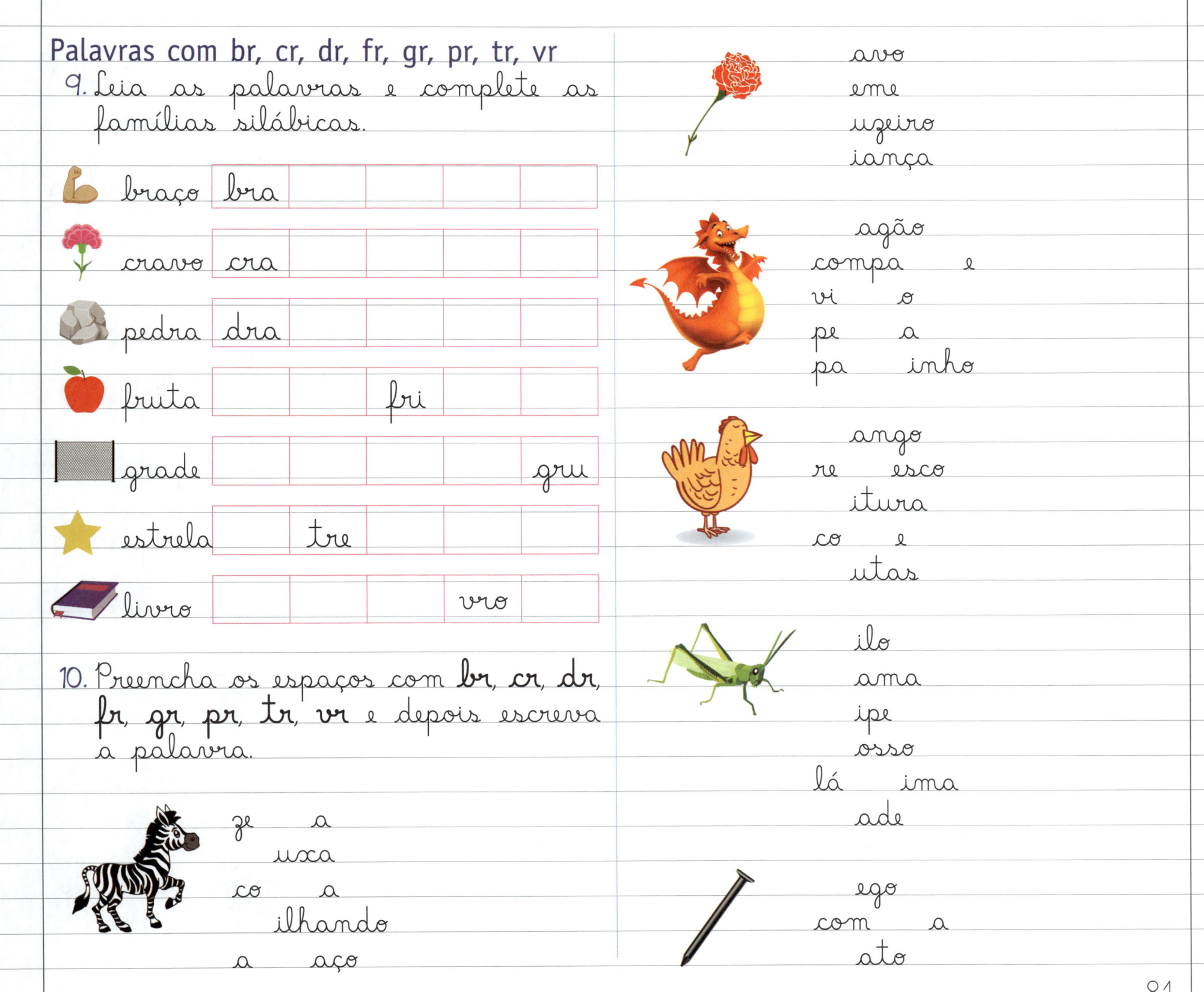

**Palavras com br, cr, dr, fr, gr, pr, tr, vr**

9. Leia as palavras e complete as famílias silábicas.

| | | | | | |
|---|---|---|---|---|---|
| braço | bra | | | | |
| cravo | cra | | | | |
| pedra | dra | | | | |
| fruta | | | fri | | |
| grade | | | | | gru |
| estrela | | tre | | | |
| livro | | | | vro | |

10. Preencha os espaços com **br, cr, dr, fr, gr, pr, tr, vr** e depois escreva a palavra.

ze___a___
___uxa
co___a___
___ilhando
a___aço

___avo
___eme
___uzeiro
___iança

___agão
compa___e
vi___o
pe___a
pa___inho

___ango
re___esco
___itura
co___e
___utas

___ilo
___ama
___ipe
___osso
lá___ima
___ade

___ego
com___a___
___ato

81

eço
esente
aça

em
es    elinha
eze
ilho
abalho

li    o
li    aria
li    eiro
la    ador
li    e
pala  a

**11.** Preencha a cruzadinha com palavras que contenham **br, cr, dr, fr, gr, pr, tr, vr.**
1) Aquele que nasce na França.
2) Cobre o chão dos campos de futebol.
3) Serve para colocarmos o alimento na hora das refeições.
4) O mesmo que cabeça.
5) Lugar onde se compram os livros.
6) Aquele que nasce no Brasil.
7) Aquele que reza a missa.
8) Cadeira em que os reis e rainhas sentam.

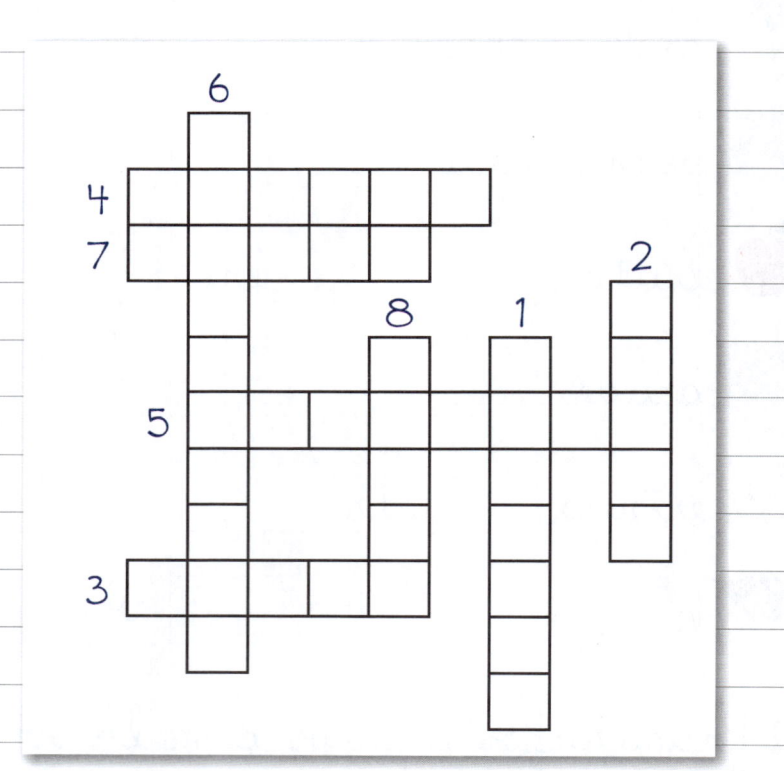

**12.** Complete as palavras com **pr, br, tr.** Depois, copie-as.

pol   ona         ca    ito

82

___ato    ___inco

___ancha    ___aça

___ego    ___esente

___es ___ada    ___es___ela

bra    cra    dra    fra

gra    pra    tra

a) 20 + vo =
b) 60 + to =
c) 30 + gão =
d) 50 + ma =
e) 70 + tor =
f) 10 + ço =

13. Forme frases com o nome dos animais a seguir.

zebra

dragão

14. Forme palavras com as sílabas a seguir, seguindo a indicação numérica.

15. Leia.

Patrícia telefonou para sua prima Adriana.
– Alô, Adriana?
– Alô, Patrícia?
– Tudo bem? Preciso conversar com você, Adriana. Apareça sábado aqui em casa.
– Está certo. Passarei o sábado com você.
– Tenho uma lembrança para você. Um lindo presente.
– Conte o que é, Patrícia.
– Não! É segredo. Sábado você verá.

As autoras.

a) Escreva os nomes dos personagens da história.

b) Para quem Patrícia telefonou?

c) O que Patrícia tinha para dar à Adriana?

d) Em que dia da semana as primas se encontraram? Circule.

domingo   segunda-feira   terça-feira
quarta-feira   quinta-feira
sexta-feira   sábado

e) Conte a história com suas palavras.

b) pão - pães

c) cão - cães

d) mão - mãos

e) balão - balões

f) avião - aviões

g) irmão - irmãos

h) órfão - órfãos

i) alemão - alemães

j) capitão - capitães

k) anão - anões

l) coração - corações

## Palavras com til/Formação do plural

16. Leia e copie.

a) lã - lãs

17. Separe as sílabas das palavras e escreva ao lado o número de sílabas de cada uma.

a) violão ☐ sílabas
b) feijão ☐ sílabas
c) irmão ☐ sílabas
d) capitão ☐ sílabas
e) manhã ☐ sílabas
f) avelã ☐ sílabas
g) hortelã ☐ sílabas
h) limão ☐ sílabas
i) sabão ☐ sílabas
j) cão ☐ sílaba
k) anão ☐ sílabas
l) numeração ☐ sílabas

18. Observe as imagens e escreva seus nomes nos lugares corretos:

| mão | botão | pão |
| mãos | botões | pães |

**19.** Continue formando o plural das palavras abaixo.

a) o irmão

b) o caldeirão

c) o pião

d) o pão

e) o mamão

f) o caminhão

Complete com o aumentativo das palavras.

faca

garrafa

gato

bola

carro

casa

**20.** Agora, complete com o diminutivo.

cão ⟶ cãozinho

leão ⟶

mão ⟶

camarão ⟶

coração ⟶

pão ⟶

21. Leia.

**JANJÃO, O COMILÃO**

Janjão era muito comilão
Não comia com moderação
Quando começava a comer
Não parava mais, não
Um, dois, feijão com arroz
Três, quatro, feijão no prato
Cinco, seis, chegou minha vez
Sete, oito, vou comer biscoito
Eu fui na lata de biscoito
Tirei um, tirei dois
Tirei três, tirei quatro
Tirei cinco, tirei seis
Tirei sete, tirei oito

Eu fui na caixa de bombons
Tirei dois e mais dois
(Tirei quatro)
Tirei três e mais três
(Tirei seis)
Tirei quatro e mais quatro
(Tirei oito)
Tirei cinco e mais cinco
(Tirei dez)
Somando tudo, quantos eu tirei?
Não sei
(Vinte e oito bombons, Janjão!)

O Janjão ficou doente
Teve uma grande indigestão
Veio até o doutor
Para ver o caso em questão
Sua barriga ficou dura
Mais parecia um balão
E as dores que ele sentia
Não eram brincadeira, não
O doutor deu um regime
Mudou sua alimentação
E desse dia em diante
**Janjão** comeu com moderação

De tudo um pouco comia
Saboreando com gosto
Degustando cada pedacinho
Com alegria no rosto

*Nana nenê – uma história para cada dia.*
Fevereiro. Histórias de Sonia Robatto. São Paulo: Globo, 1992.

Pinte, no texto, todas as palavras escritas com ~ (til).

## Os sons do x

22. Leia e copie as palavras.

peixe — peixe

caixa — caixa

abacaxi
abacaxi

xícara
xícara

exército
exército

exercício
exercício

sexta-feira
sexta-feira

exame
exame

táxi
táxi

saxofone
saxofone

pirex
pirex

excursão
excursão

exposição
exposição

exclamação
exclamação

23. Complete com **x** e copie as palavras.

**x com som de ch**

Leia.

A cor da caixa de chocolate recheado com ameixa é roxa.

a) ícara
b) ampu
c) arope
d) adrez

**x com som de cs**

Leia.

Max é o motorista do táxi.

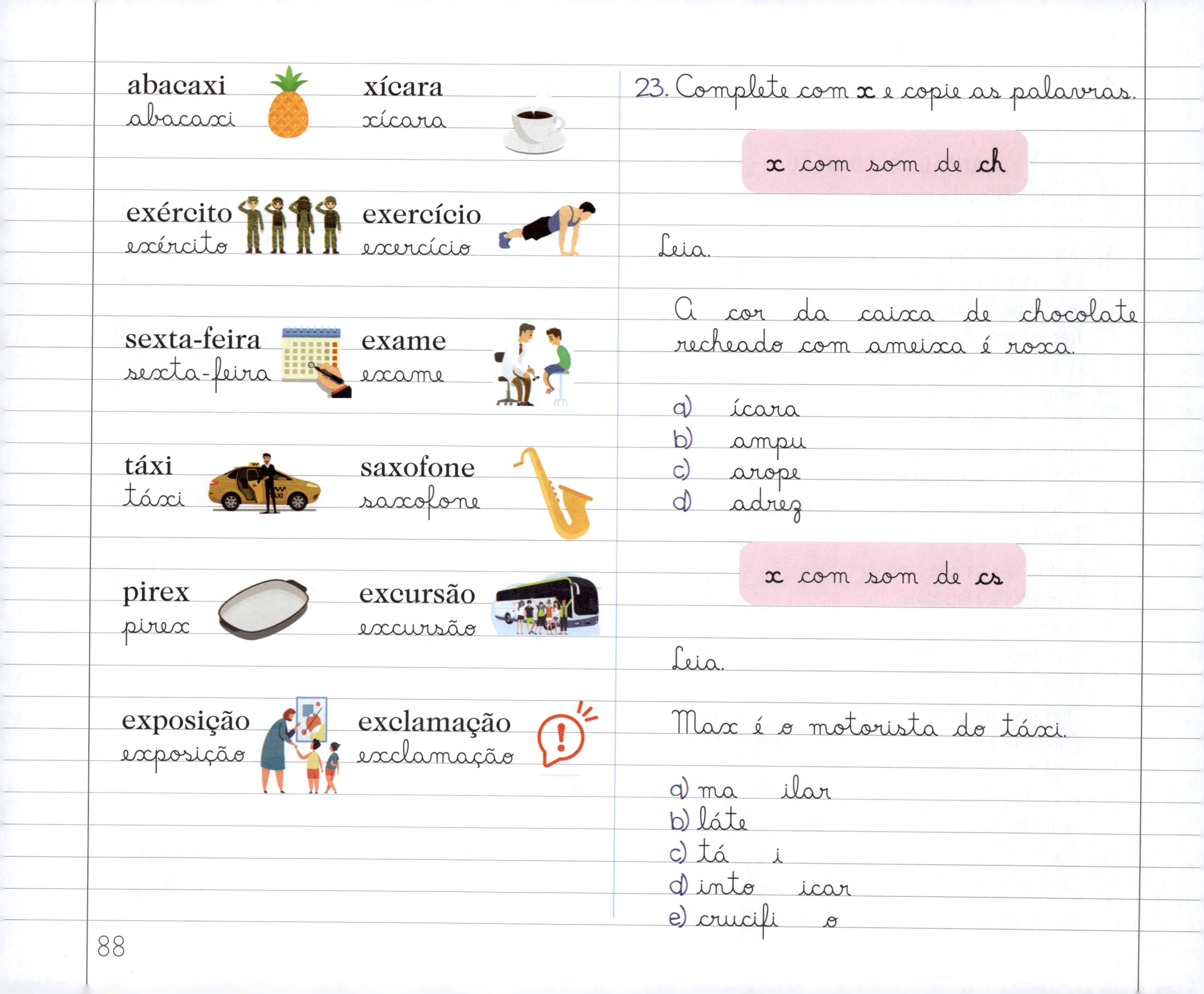

a) ma ilar
b) láte
c) tá i
d) into icar
e) crucifi o

f) comple___o
g) a___ila
h) refle___o
i) fi___o
j) agrotó___ico

**x com som de z**

Leia.

O exército desfila com êxito.

a) e___agero
b) e___ato
c) e___istência
d) e___ame
e) e___ercício
f) e___ecutar
g) e___emplar
h) e___igência
i) e___austo
j) e___aminar

**x com som de s e ss**

Leia.

Auxiliadora foi à excursão.

a) expulsão
b) texto
c) trouxe
d) próximo
e) excursão
f) máximo
g) expelir
h) auxiliar

24. Forme frases com as palavras abaixo.

a) xampu

b) táxi

c) excursão

25. Observe as imagens e escreva frases.

ameixa

exame

táxi

exposição

26. Leia e separe as sílabas das palavras.

a) xícara
b) enxada
c) peixe
d) xampu
e) exemplo
f) existe
g) exagerou
h) xadrez
i) próximo
j) máximo
k) auxílio
l) excursão
m) externo
n) exposição
o) exclusivo
p) exame
q) axila
r) táxi
s) boxe

27. Ouça a história que seu professor vai ler.

**EXPO XULA**

Vocês não podem imaginar o que foi minha vida nos últimos dias!

Imaginem que a minha dona, a menina Madalena, resolveu que eu ia participar de uma exposição no Canil Club. Daí em diante ela não me deixou mais em paz. Primeiro, resolveu que eu tinha de emagrecer porque estava muito gorda. Não me dava mais nem um pedacinho de pão ou de doce (eu adoro doces).

A ração passou a ser pesada.

Passei uma fome horrorosa!

Depois, chegou a hora dos treinos.

Ela queria que eu aprendesse a ficar como uma estátua, paradinha, quando o tal juiz fosse me examinar.

Além disso, eu tinha de aprender a desfilar de cabeça erguida, sem cheirar o chão.

Eu aprendi logo, modéstia à parte.

Daí começaram os tratamentos de beleza. Foi um tal de me dar banho com xampu, passar escova de arame (que eu detesto) nos meus pelos!

Na véspera da exposição me levaram num salão de beleza lindíssimo no Dog's Center. Foi um horror!

Esfregaram uma coisa branca nos meus dentes. Limparam os meus ouvidos. Apararam os meus pelos. E me deram um banho que mais parecia um afogamento.

Saí de lá com uma coleira nova linda!

O desfile foi emocionante, meu coração batia sem parar.

Tinha cachorros de todos os tamanhos e todas as raças: *poodle*, *boxer*...

Eu fui muito aplaudida.

Desfilei direitinho, fiquei parada, certinha na frente do júri. Só não gostei muito daquele juiz olhando os meus dentes, me medindo e tudo o mais. Mas como sou bem-educada nem lati. Lambi a mão dele, respeitosamente.

Ganhei o primeiro prêmio com medalha de ouro, diploma e tudo.

Pena que o Rex não viu o meu dia de glória!

Vou mostrar a minha medalha para ele no próximo encontro.

*Nana nenê – uma história para cada dia.*
Maio. Histórias de Sonia Robatto.
São Paulo: Globo, 1992.

a) Lembre-se do que você ouviu e responda.

Você ouviu a história de uma _____ chamada _____ que ia participar de uma _____sição no _____.

A dona da cadelinha era a _____.

b) Para participar desse evento, Xula teve de passar por uma série de tratamentos. Numere as frases de acordo com os acontecimentos narrados no texto.

( ) Xula tinha de aprender a ficar como uma estátua.

( ) Xula tinha de tomar banho com xampu.

( ) Xula tinha de emagrecer, pois estava muito gorda.

( ) Xula tinha de aprender a desfilar com a cabeça erguida.

( ) A ração passou a ser pesada.

( ) Escovaram os dentes de Xula e limparam o ouvido dela.

( ) Apararam os pelos de Xula.

c) Qual é o nome do salão de beleza que Xula frequentou?

d) O que Xula ganhou quando saiu do salão para ir desfilar?

e) Na hora do desfile, como Xula se comportou?

f) Qual foi a classificação de Xula e o que ela ganhou?

g) Quem perdeu o desfile de Xula?

h) Volte ao texto e circule todas as palavras escritas com **x**. Depois, escreva-as a seguir.

i) Escolha 3 palavras da atividade anterior e forme frases com elas.

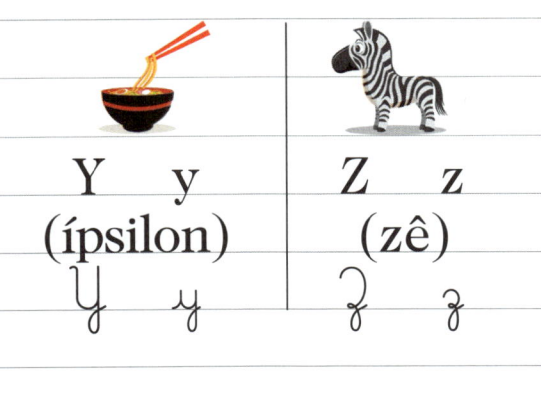

## Bloco 11

**CONTEÚDOS:**
- Alfabeto minúsculo / maiúsculo
- Vogais e consoantes
- Ordem alfabética

## Alfabeto

| A a (á) | B b (bê) | C c (cê) | D d (dê) |
|---|---|---|---|
| E e (é) | F f (efe) | G g (gê) | H h (agá) |
| I i (i) | J j (jota) | K k (cá) | L l (ele) |
| M m (eme) | N n (ene) | O o (ó) | P p (pê) |
| Q q (quê) | R r (erre) | S s (esse) | T t (tê) |
| U u (u) | V v (vê) | W w (dábliu) | X x (xis) |
| Y y (ípsilon) | Z z (zê) | | |

93

**Lembre que:**

- Para escrever as palavras, nós usamos as **letras**.
- Vinte e seis letras formam o nosso **alfabeto**. Entre essas letras estão as letras **k**, **w**, **y**, que são utilizadas na escrita de algumas palavras estrangeiras.
- As letras podem ser **maiúsculas** ou **minúsculas**.

**Lembre que:**

- As letras **maiúsculas** são usadas para iniciar as frases e os nomes próprios de pessoas, animais, países, estados, cidades, ruas, rios, estabelecimentos, títulos de livros, jornais e revistas.

A B C D E F G H I
J K L M N O P Q R
S T U V W X Y Z

1. Copie o alfabeto maiúsculo.

2. Complete os nomes próprios de pessoas.

a) ___na
b) ___eto
c) ___ida
d) ___iva
e) ___va
f) ___elipe
g) ___uto
h) ___elena
i) ___ara
j) ___úlia
k) ___arina
l) ___úcia
m) ___aria
n) ___ádia
o) ___lívia
p) ___aulo
q) ___uitéria
r) ___egina
s) ___ônia
t) ___ânia
u) ___rsula
v) ___ânia
w) ___ellington
x) ___ênia
y) ___ara
z) ___azá

3. Complete corretamente, usando letra maiúscula.
a) O meu nome é _____.

b) O nome do papai é _____.

c) O nome da mamãe é _____.

| a | b | c | d | e | f | g | h | i |
|---|---|---|---|---|---|---|---|---|
| a | b | c | d | e | f | g | h | i |
| j | k | l | m | n | o | p | q | r |
| j | k | l | m | n | o | p | q | r |
| s | t | u | v | w | x | y | z | |
| s | t | u | v | w | x | y | z | |

4. Copie o alfabeto minúsculo.

a b c d e f g h i

j k l m n o p q r

s t u v w x y z

5. Complete as palavras com letras minúsculas.

a) __vião           n) __avio
b) __ola            o) __vo
c) __avalo          p) __ato
d) __ado            q) __ueda
e) __ma             r) __ato
f) __oca            s) __apo
g) __ato            t) __atu
h) __ora            u) __va
i) __rmã            v) __aca
j) __anela          w) __att
k) __iwi            x) __ale
l) __ua             y) __akisoba
m) __acaco          z) __ebra

6. Complete as palavras com letras maiúsculas ou minúsculas. Depois, copie as palavras.

__era           __uxa
(v V)           (x X)

_anela     _apo
(j J)      (s S)

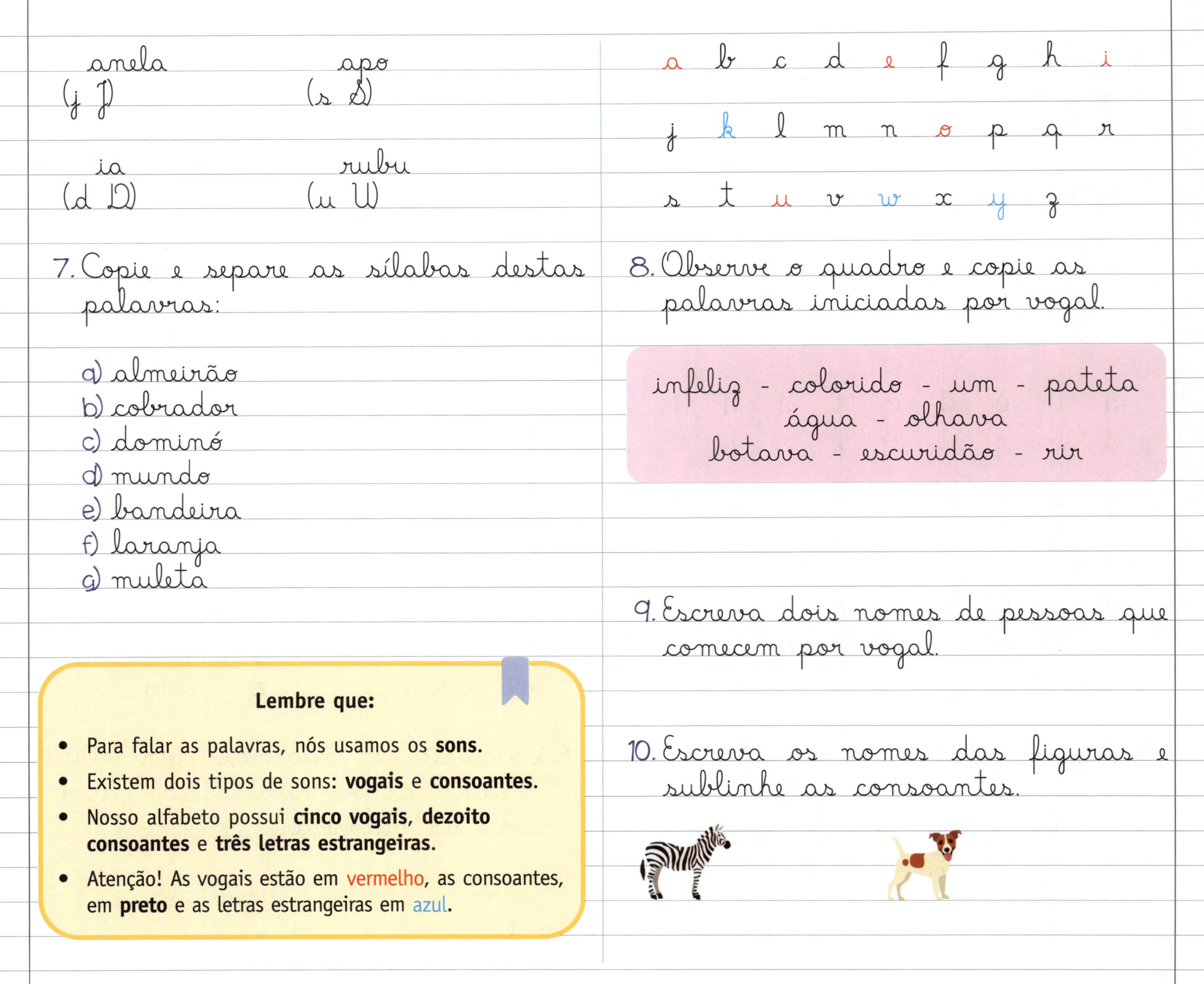

_ia        _rubu
(d D)      (u U)

a b c d e f g h i
j k l m n o p q r
s t u v w x y z

7. Copie e separe as sílabas destas palavras:

a) almeirão
b) cobrador
c) dominó
d) mundo
e) bandeira
f) laranja
g) muleta

8. Observe o quadro e copie as palavras iniciadas por vogal.

infeliz - colorido - um - pateta
água - olhava
botava - escuridão - rir

**Lembre que:**

- Para falar as palavras, nós usamos os **sons**.
- Existem dois tipos de sons: **vogais** e **consoantes**.
- Nosso alfabeto possui **cinco vogais**, **dezoito consoantes** e **três letras estrangeiras**.
- Atenção! As vogais estão em vermelho, as consoantes, em **preto** e as letras estrangeiras em azul.

9. Escreva dois nomes de pessoas que comecem por vogal.

10. Escreva os nomes das figuras e sublinhe as consoantes.

b) livro

c) Robson

**11.** Complete o quadro, observando o exemplo.

| Palavras | Número de letras | Primeira letra | Última letra | Número de vogais |
|---|---|---|---|---|
| aprende | 7 | a | e | 3 |
| dicionário | | | | |
| sapoti | | | | |
| tamanduá | | | | |
| cacau | | | | |
| amor | | | | |
| coração | | | | |

**Lembre que:**

- Para colocar as palavras em ordem alfabética, você deve:

1) Conhecer o alfabeto e memorizá-lo.

| a | b | c | d | e | f | g | h | i |
|---|---|---|---|---|---|---|---|---|
| j | k | l | m | n | o | p | q | r |
| s | t | u | v | w | x | y | z | |

2) Observar a primeira letra de cada palavra.

**b**ola – **d**edo – **a**bacate – **f**oca – **c**adeira
**s**apato – **t**atu – **p**apagaio – **r**ato – **q**ueijo

3) Escrever as palavras observando a sequência do alfabeto.

**a**bacate – **b**ola – **c**adeira – **d**edo – **f**oca
**p**apagaio – **q**ueijo – **r**ato – **s**apato – **t**atu

**12.** Forme frases com as palavras:

a) Camila

**13.** Numere as palavras de 1 a 26, de acordo com a ordem alfabética.

☐ natural  ☐ quarteirão

☐ habitação  ☐ espada

☐ Wagner  ☐ torrada

☐ antena  ☐ Rodrigo

☐ Geraldo  ☐ dentadura

☐ orvalho  ☐ Yara

☐ imortal  ☐ mosquito

☐ urso  ☐ cegonha

☐ zangado  ☐ sarda

☐ fazenda  ☐ Karina

☐ parteira  ☐ vacina

☐ Luís  ☐ xereta

☐ joelho  ☐ barriga

**14.** Ligue os pontos, obedecendo à ordem alfabética, e veja o que vai aparecer:

Escreva o nome do animal que você descobriu:

**15.** Descubra a palavra seguindo as indicações.

última letra do alfabeto
+
2ª vogal do alfabeto
+
2ª letra do alfabeto
+
18ª letra do alfabeto
+
1ª vogal do alfabeto

☐ ☐ ☐ ☐ ☐

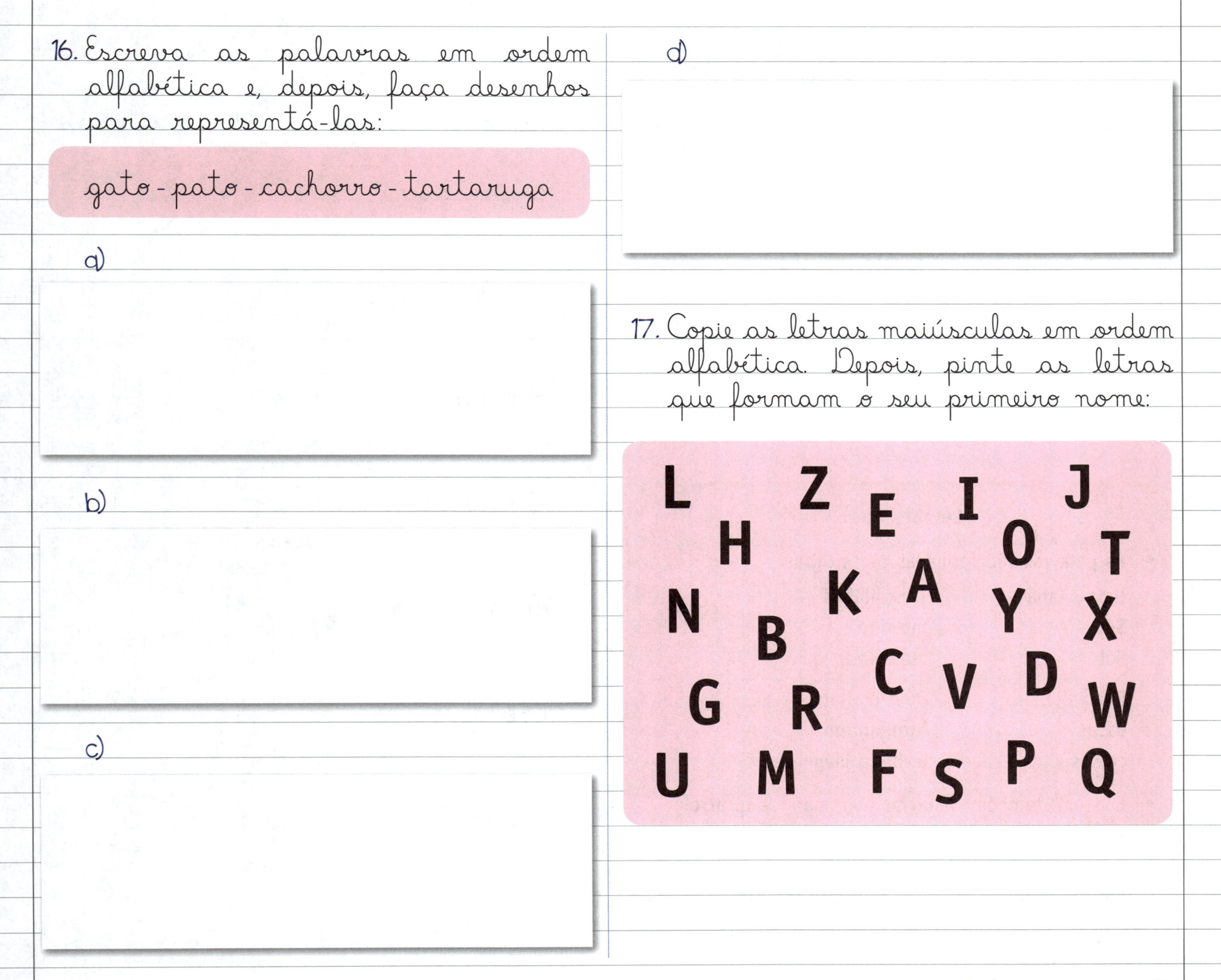

16. Escreva as palavras em ordem alfabética e, depois, faça desenhos para representá-las:

gato - pato - cachorro - tartaruga

a)

b)

c)

d)

17. Copie as letras maiúsculas em ordem alfabética. Depois, pinte as letras que formam o seu primeiro nome:

L Z E I J H O T N K A Y B X G R C V D W U M F S P Q

## Bloco 12

**CONTEÚDOS:**
- Sílaba
- Emprego da cedilha
- Emprego do til
- Acento agudo / acento circunflexo
- Sinais de pontuação

**Lembre que:**

- As palavras são formadas por **sílabas**.

  | Uma sílaba | Três sílabas |
  |---|---|
  | **Sol** | **menino** |
  | Sol | me-ni-no |

  | Duas sílabas | Quatro sílabas |
  |---|---|
  | **casas** | **lobisomem** |
  | ca-sas | lo-bi-so-mem |

- Existem, também, palavras com mais de **quatro** sílabas.

  | **matemática** | ma-te-má-ti-ca |
  |---|---|
  | **paralelepípedo** | pa-ra-le-le-pí-pe-do |

1. Separe e dê o número de sílabas.

   sapo     sa-po     duas sílabas

   a) passagem

   b) lobisomem

   c) luzes

   d) pálido

   e) caminho

   f) balanço

   g) patinete

   h) televisão

2. Distribua as palavras a seguir de acordo com o número de sílabas.

Sol - casa - orelhas - espanta
desesperada - tem - rezar
borboleta - cachorro - leão - flor
bala - piano - encruzilhada

a) uma sílaba:

b) duas sílabas:

c) três sílabas:

d) quatro ou mais sílabas:

3. Ordene as sílabas e forme palavras.

pa - pi

la - a - re - ma

sa - ro

ne - la - pa

da - fa

nou - ce - ra

da - es - ca

4. O que houve com o texto? Você sabe decifrar o que está escrito?

Va mosdar ameia-volta
Vol tae meiava mos dar
O a nelque tu medes te
Eravi droe seque bro u
Oa morque tumeti nhas
Erapou coe seaca bou

Domínio público.

Você conseguiu descobrir os versos de uma canção? Escreva-os aqui, colocando cada pedaço das palavras no seu lugar.

a) fumaca
b) graca
c) terraco
d) cacula
e) abraco
f) carroca
g) bricudo

7. Escreva as palavras no quadro adequado.

> Lembre que:
> - **Cedilha** é um sinal que se coloca no **c** antes de **a, o, u: ça, ço, çu**.
> - A cedilha dá ao **c** o som de **ss**.
> Exemplos: laço, carroça, moça.

aceito - palhaço - desgraça
terraço - cedo - capacete - carroça
açúcar - bacia - poço

5. Leia e coloque a cedilha nas palavras:
a) estilhaco
b) roca
c) laco
d) moca
e) pedaco
f) caroco

| C | Ç |
|---|---|
|   |   |

6. Reescreva as palavras, colocando a **cedilha**, e depois separe as sílabas.

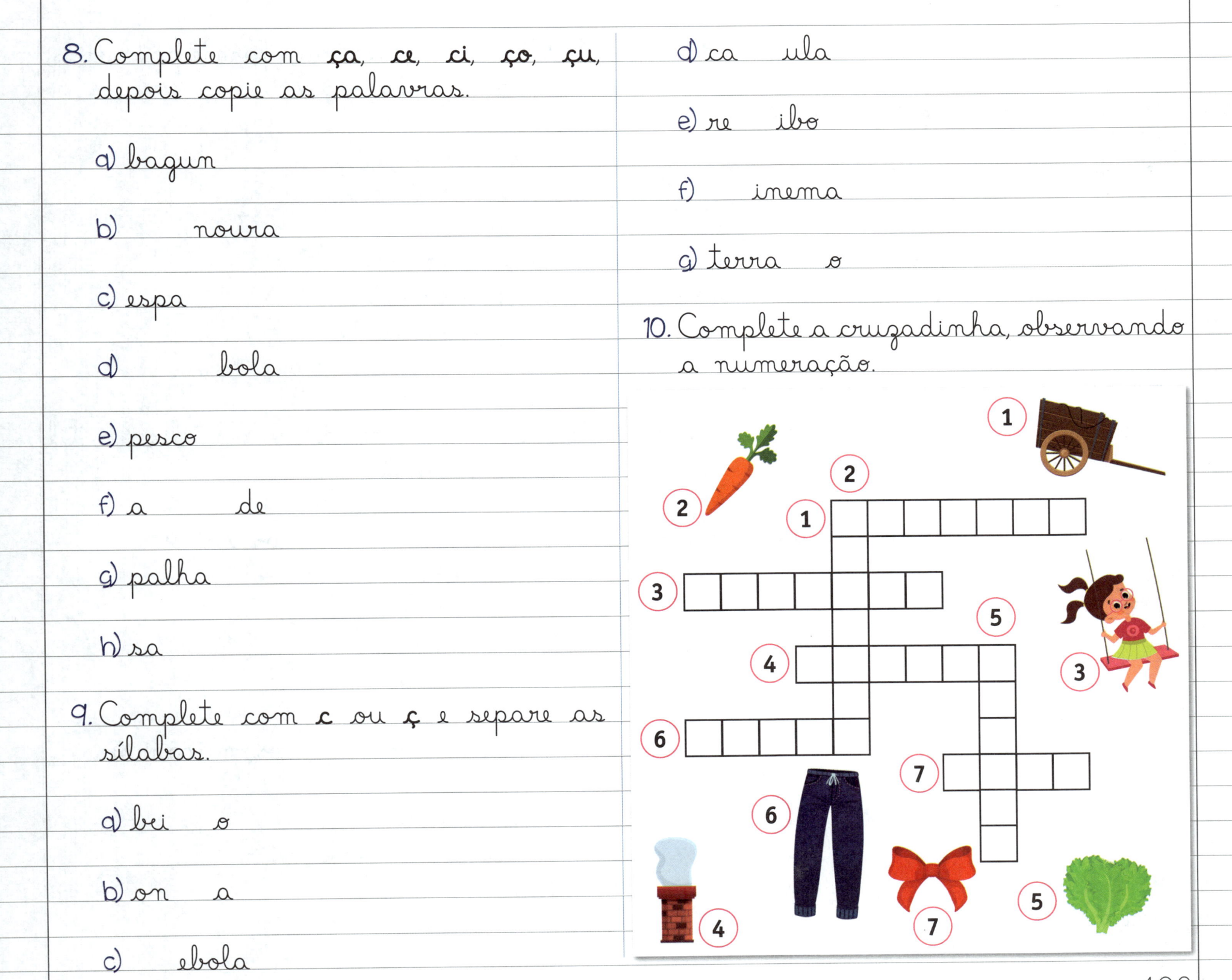

8. Complete com **ça**, **ce**, **ci**, **ço**, **çu**, depois copie as palavras.

a) bagun___

b) ___noura

c) espa___

d) ___bola

e) pesco___

f) a___de___

g) palha___

h) sa___

9. Complete com **c** ou **ç** e separe as sílabas.

a) bei___o

b) on___a

c) ___ebola

d) ca___ula

e) re___ibo

f) ___inema

g) terra___o

10. Complete a cruzadinha, observando a numeração.

103

**Lembre que:**

- O **til** (~) é usado para indicar som nasal nas vogais **a** e **o**.
- Leia algumas palavras com til:

  pão      irmão      maçã
  mamãe    portão     anão
  pião     fogão      chão
  algodão  balão      botão

11. Coloque **til** nas palavras e separe as sílabas. Depois, escreva quantas sílabas tem cada palavra. Veja o exemplo:

mamãe    ma-mãe    duas sílabas

a) macarrao

b) pao

c) capitao

d) mamao

12. Ordene as sílabas e forme palavras, empregando o **til**.

a) çao - li
b) tao - por
c) bao - sa
d) gao - fo
e) go - dao - al
f) le - vi - sao - te

13. Observe os modelos e utilize o **til** corretamente.

o grão          os grãos
a) o órfão
b) a mão
c) o órgão
d) a bênção

o macarrão      os macarrões
e) o avião
f) a redação
g) o limão
h) o fogão

14. Siga o modelo.

respirar     respiração

a) avaliar
b) proibir
c) criar
d) contribuir
e) explicar
f) exclamar
g) interrogar
h) iluminar

**Lembre que:**
- O **acento agudo** é usado para indicar o som aberto das vogais.
- O **acento circunflexo** é usado para indicar o som fechado das vogais.

15. Copie as palavras, colocando o acento **agudo** na sílaba adequada.

a) fosforo
b) cipo
c) mare
d) oculos

e) armazem
f) arvore

16. Separe as sílabas e dê o número de sílabas de cada palavra.

a) lápis          c) xícara
b) boné           d) óculos
e) chapéu         f) picolé

17. Use o acento **circunflexo** nas palavras. Em seguida, separe as sílabas.

a) voce
b) pessego
c) onibus
d) lampada
e) metro

f) tenis
g) tres
h) nene
i) portugues
j) quilometro

18. Coloque o acento agudo ou circunflexo onde for necessário, depois copie as frases.

Candida ganhou um jogo de domino.

Vovo faz trico e croche.

Barbara ganhou tres lapis e uma regua.

Voce ja comeu pessego?

**Lembre que:**

- O **ponto-final** indica que a frase terminou.
- O **ponto de interrogação** é usado quando fazemos uma pergunta.
- O **ponto de exclamação** é usado em frases que expressam alegria, tristeza, admiração, surpresa ou medo.

19. Ordene as palavras para formar frases e coloque o ponto-final nelas.

a) amarelo O é pato

b) feriu o dedo garrafa na Fernando

c) carrossel quer no brincar Luiz

d) sinal carro O parou no

20. Faça como no exemplo.

a) Você estuda de manhã.
**Você estuda de manhã?**
b) A menina brinca no parque.
c) Os amigos jogam futebol.
d) Você brincou com meu cachorrinho.

21. Que ponto você usaria nas frases abaixo? Copie as frases, pontuando-as corretamente.

a) De quem é o gatinho
b) Que horas são
c) Quem é esta menina
d) Quantas bolas tem Reinaldo
e) Aonde você vai
f) Qual é o seu nome

22. Copie as frases, pontuando-as corretamente.

a) Você gosta de uva
b) Como o dia está claro
c) Quem faltou à aula hoje
d) A jarra quebrou
e) Eu cheguei de viagem

23. Agora invente uma frase para cada sinal de pontuação.

| . |
| - |
| ! |
| , |
| ? |

## Bloco 13

**CONTEÚDOS:**
- Substantivos próprio e comum
- Gênero do substantivo
- Número do substantivo
- Grau do substantivo

**Lembre que:**
- Os **substantivos comuns** são escritos com letra minúscula.
- Os **substantivos próprios** iniciam-se com letra maiúscula.

1. Separe nos quadros os substantivos **próprios** dos **comuns**.

Brasil - colégio - bola - Ricardo
Recife - cachorro - Carolina
navio - abelha - Totó

| Substantivos próprios | Substantivos comuns |
|---|---|
|  |  |

2. Escreva o nome de:

a) duas frutas.

b) dois animais.

c) dois amigos.

d) dois brinquedos.

e) dois bairros.

f) dois objetos da sua sala de aula.

3. Ordene as sílabas e forme palavras. Depois, circule os substantivos comuns.

a) que - fo - te

b) dré - An

c) çou - a - que

d) ão - Jo

e) pão - Ja

f) péu - cha

4. Complete as frases com substantivos **próprios** ou **comuns**.

a) Papai foi à cidade de _____.

b) _____ ganhou um gatinho.

c) Eu vi um macaco no _____.

d) _____ saiu e comprou _____ para seu filho _____.

5. Sublinhe com um traço os substantivos **próprios** e com dois os substantivos **comuns** das frases a seguir.

a) O guarda-chuva que Joaquim usava não suportou o temporal.

b) Maurício vai viajar de avião para Curitiba.

c) Luciana e Maria compraram mais lápis para o estojo.

d) Soneca e Mestre são dois anõezinhos da história de Branca de Neve.

e) Ivan é um dentista responsável.

6. Coloque **sc** para substantivos **comuns** e **sp** para substantivos **próprios**.

a) ☐ São Vicente
b) ☐ coelho
c) ☐ Laura
d) ☐ Mário
e) ☐ menino
f) ☐ Carlos
g) ☐ bombom
h) ☐ folha

7. Troque o substantivo **comum** destacado por um substantivo **próprio** qualquer. Observe o modelo.

a) A plateia aplaudiu **o palhaço**.
A plateia aplaudiu Pimpão.

b) Encontrei **uma amiga** no parque.

c) As provas foram corrigidas **pela professora**.

d) O **jogador** precisa estar preparado para a próxima partida.

> **Lembre que:**
> - Antes dos nomes femininos usamos **a, as, uma, umas**.
> - Antes dos nomes masculinos usamos **o, os, um, uns**.

8. Dê o feminino.

a) o homem
b) o galo
c) o rei
d) o autor
e) o sogro
f) o menino

g) o cavaleiro

h) o genro

i) o zangão

j) o frade

k) o padrasto

l) o príncipe

m) o cavalo

9. Escreva antes das palavras:

**o ou a**

a) mesa
b) casa
c) apito
d) vassoura
e) vaca
f) sol

**um ou uma**

g) trem
h) jacaré
i) gato
j) onça
k) palhaço
l) árvore

10. Copie as frases, passando as palavras destacadas para o **masculino**.

a) A **professora** ensina a lição.

b) A **leoa** fugiu da jaula.

c) Minha **irmã** assistiu à televisão.

d) Minha **madrinha** comprou **uma pata**.

11. Reescreva as frases, passando as palavras destacadas para o feminino.

a) O **ator** participou de um grande espetáculo.

b) O **esposo da minha** irmã foi cumprimentar **meu amigo**.

c) O **patrão** do meu **irmão** é amigo do seu **avô**.

d) O **galo** está ciscando no quintal.

12. Sublinhe no texto as palavras femininas e circule as masculinas.

Estavam presentes na cerimônia de casamento o pai e a mãe dos noivos.
O padrinho e a madrinha choravam sem parar; já seus irmãos e suas irmãs se divertiam para valer.
Os convidados foram à festa e lá se divertiram muito. As crianças brincavam e os adultos conversavam.
Os noivos estavam felizes com a presença de todos.

**Lembre que:**
- **Singular**
  **a** criança    **o** aluno
  **uma** criança  **um** aluno
  O singular indica um só elemento.
- **Plural**
  **as** crianças   **os** alunos
  **umas** crianças **uns** alunos
  Geralmente, para se formar o plural, basta acrescentar **s** ao singular.

  **Singular**   **Plural**
  borboleta      borboleta**s**
  cavalo         cavalo**s**
- Algumas palavras formam o plural de modo diferente.

13. Escreva no plural as palavras a seguir. Veja os exemplos:

| Singular | Plural |
|---|---|
| ão | ãos, ões, ães |
| mão | mãos |
| coração | corações |
| pão | pães |

a) caminhão
b) pião
c) balão
d) alemão
e) cão
f) cidadão
g) irmão
h) mão

| Singular | Plural |
|---|---|
| r, s, z | + es |
| corredor | corredores |
| mês | meses |
| nariz | narizes |

i) inglês
j) país
k) voz
l) cartaz
m) luz

n) mar
o) mulher
p) escolar

| Singular | Plural |
|---|---|
| al, el, ol, ul | ais, éis, óis, uis |
| animal | animais |
| anel | anéis |
| farol | faróis |
| azul | azuis |

q) pardal
r) pastel
s) lençol

| Singular | Plural |
|---|---|
| m | ns |
| homem | homens |
| bombom | bombons |
| jardim | jardins |

t) jasmim
u) álbum
v) homem
w) jardim

113

14. Passe para o **plural** e escolha uma palavra de cada bloco para formar uma frase com ela.

a) a bola
o cachorro
o guarda

b) a colher
o vendedor
o ator

c) uma folhagem
uma bagagem
uma imagem

d) um freguês
um inglês
um camponês

a)

b)

c)

d)

15. Passe as frases para o **plural**.

a) O sorvete está gostoso.

b) A mulher foi sabida.

c) O menino come banana.

d) A professora ensina a lição.

16. Passe as frases para o **singular**.

a) Os homens estavam contentes.

b) Os médicos atenderam os pacientes.

c) As flores estão nos vasos.

d) As vaquinhas nos fornecem leite.

17. Leia a poesia.

**AS BORBOLETAS**

Brancas
Azuis
Amarelas
E pretas
Brincam
Na luz
As belas
Borboletas.

Borboletas brancas
São alegres e francas.

Borboletas azuis
Gostam muito de luz.

As amarelinhas
São tão bonitinhas!

E as pretas, então...
Oh, que escuridão!

Vinicius de Moraes. *A arca de Noé.*
São Paulo: Companhia das Letrinhas, 2004.

18. Como são as borboletas.

Brancas?

Azuis?

Amarelinhas?

Pretas?

- Pinte as borboletas de acordo com as cores que aparecem na poesia.

115

**Lembre que:**

Sapinho é um sapo pequeno.
- Sapinho é o diminutivo de sapo.
Sapão é um sapo grande.
- Sapão é o aumentativo de sapo.

19. Complete as frases.

a) Um muro grande é uma _____.

b) Um muro pequeno é um _____.

c) Uma casa grande é um _____.

d) Uma casa pequena é uma _____.

20. Leia as palavras do quadro a seguir e depois identifique-as copiando-as nos lugares correspondentes:

caderno - casinha - canzarrão
garrafão - blusa - coelho - sapatinho
gatão - copinho - cachorro
barquinho - pezão

a) Normal

b) Diminutivo

c) Aumentativo

21. Dê o diminutivo e o aumentativo das palavras a seguir. Veja o exemplo.

**a barca   a barquinha   a barcaça**

a) o cão

b) o chapéu

c) o sapato

d) o homem

e) o nariz

f) o fogo

g) o pé

22. Escreva uma frase usando o aumentativo de:

a) homem

b) casa

23. Complete, como no exemplo.

O foguinho se transformou num fogaréu.

a) A barquinha e a _____ estão no mar.

b) A casinha fica perto do _____.

c) O gatinho e o _____ são amigos.

d) O homenzinho viajou com o _____.

24. Copie as frases, passando as palavras destacadas para o **aumentativo**.

a) Vovô foi à cidade e comprou um **chapéu**.

b) O bombeiro apagou o **foguinho**.

c) O **gatinho** mexeu no novelo da vovó.

d) O **menininho** está doente.

e) A **casinha** do titio é amarela.

f) O **homenzinho** passeou a cavalo na fazenda.

**25.** Dê o **diminutivo** e o **aumentativo** das palavras a seguir.

a) caixa

b) rato

c) janela

d) menino

e) barca

f) garrafa

g) lata

h) muro

**26.** Aprenda outros **diminutivos** e **aumentativos**, completando corretamente as frases com as palavras a seguir.

> narizinho – mulherona – saleta
> frangão – bandeirola – bocarra – burrico

a) Uma sala pequena é uma _____.

b) Uma mulher grande é uma _____.

c) Uma bandeira pequena é uma _____.

d) Uma boca grande é uma _____.

e) Um burro pequeno é um _____.

f) Um frango grande é um _____.

g) Um nariz pequeno é um _____.

# Bloco 14

**CONTEÚDOS:**
- Adjetivos
- Sinônimos
- Antônimos
- Palavras que indicam ação

**Lembre que:**

João Pedro é **criativo**.

- **Criativo** indica como João Pedro é; é uma característica do substantivo **João Pedro**. Criativo é um **adjetivo**.

1. Amplie as frases, completando-as com **adjetivos**.

a) A casa de Carlos é _____.

b) O papagaio ficou _____.

c) A mulher está _____.

d) João Pedro é um homem _____.

e) A menina é _____.

f) Carol está muito _____.

2. Complete, dando **adjetivos** aos **substantivos**.

Observe o modelo.

Eu vi uma onça **brava** e **veloz**.

a) Comprei uma bolsa _____ e _____.

b) Minha bicicleta é _____ e _____.

c) Ganhei uma bola _____ e _____.

d) Carol vendeu o carro _____ e _____.

119

e) Peguei uma flor
e _____ .

f) Seus olhos são
e _____ .

g) Aquele cachorro tem pelos
e _____ .

h) Ganhei um gato
e _____ .

3. Coloque no **feminino**.

a) professores dedicados

b) bois malhados

c) pai bondoso

d) moço educado

e) homens inteligentes

f) primo querido

g) compadre atencioso

4. Complete as frases com **adjetivos**. Observe o modelo.

Quem estuda é **estudioso**.

a) Quem tem preguiça é _____ .

b) Quem tem orgulho é _____ .

c) Quem tem bondade é _____ .

d) Quem tem medo é _____ .

e) Quem tem coragem é _____ .

5. Escreva frases empregando os seguintes **adjetivos**.

a) brincalhão

b) guloso

c) alegre

6. Faça o **adjetivo** concordar com o **substantivo**.
Observe o modelo.

cavalos **bonitos** (bonito)

a) crianças _____ (feliz)

b) canetas _____ (vermelha)

c) carros _____ (velho)

d) olhos _____ (fechado)

e) vidas _____ (maravilhosa)

**Lembre que:**

- **Sinônimos** são palavras que possuem o mesmo significado ou significado parecido.

7. Ligue os **sinônimos**.

pular — rápido

guloso — andar

professor — saltar

caminhar — comilão

depressa — mestre

8. Copie as frases, trocando as palavras destacadas por **sinônimos**.

a) Juliana comeu **depressa** sua manga.

b) Carolina é uma garota **linda**.

121

c) O **professor** ensina a lição.

d) A salada estava **gostosa**.

e) Vamos **orar** pelo nosso dia.

9. Numere a segunda coluna de acordo com a primeira.

| 1 | auxiliar | ☐ | preguiçoso |
| 2 | pacote | ☐ | fofo |
| 3 | macio | ☐ | residir |
| 4 | caminhar | ☐ | andar |
| 5 | vadio | ☐ | ajudar |
| 6 | morar | ☐ | embrulho |

10. Assinale os sinônimos das palavras a seguir.

a) amigo
☐ pessoa
☐ menino
☐ colega

b) adquirir
☐ vender
☐ comprar
☐ dar

c) reside
☐ insiste
☐ resistente
☐ mora

d) caminhar
☐ pular
☐ andar
☐ correr

e) agarrei
☐ larguei
☐ peguei
☐ pulei

f) protestou
☐ reclamou
☐ caminhou
☐ gritou

11. Complete.

a) Jovem é semelhante a

b) Ajudar é semelhante a

c) Alegre é semelhante a

d) Começar é semelhante a

e) Muito é semelhante a

12. Pesquise no dicionário os **sinônimos** das palavras:

a) alva

b) iniciar

c) iluminado

d) escutou

13. Resolva a cruzadinha.
1. sinônimo de morar
2. sinônimo de depressa
3. sinônimo de caminhar
4. sinônimo de barriga
5. sinônimo de garota
6. sinônimo de guloso
7. sinônimo de professor
8. sinônimo de gostosa

14. Relacione os sinônimos correspondentes

Semelhante    Zangado

Irritado    Distante

Enorme    Igual

Longe    Tranquilo

Calmo    Grande

**15.** Encontre no diagrama os sinônimos em destaque.

> Feliz é o mesmo que **contente**.
> Grande é o mesmo que **imenso**.
> Devagar é o mesmo que **lento**.
> Rápido é o mesmo que **ligeiro**.
> Longe é o mesmo que **distante**.

| B | A | U | C | M | O | D | E | D | P |
|---|---|---|---|---|---|---|---|---|---|
| G | C | O | N | T | E | N | T | E | U |
| E | R | D | I | S | N | G | T | E | B |
| G | I | M | E | N | S | O | I | E | L |
| U | A | G | T | N | L | O | N | X | I |
| A | L | G | I | D | I | L | O | B | C |
| L | E | T | A | G | G | M | A | J | O |
| E | N | R | F | V | E | A | E | R | S |
| R | T | S | O | F | I | M | V | S | D |
| A | O | U | C | L | R | C | X | L | T |
| M | U | R | F | V | O | A | E | R | S |
| R | D | I | S | T | A | N | T | E | D |
| A | Ç | U | C | A | R | C | X | L | T |

**Lembre que:**

- As palavras que têm significados contrários são chamadas **antônimos**.

**16.** Copie as frases, trocando as palavras destacadas por **antônimos**.

a) O livro de Português é **grosso**.

b) Mamãe **acendeu** a luz da sala.

c) O vestido da menina é **comprido**.

d) Mônica ganhou uma boneca **pequena**.

e) O irmão de Danilo é **baixo**.

f) Daniela ficou **alegre** com o presente.

17. Dê um **sinônimo** e um **antônimo** das palavras a seguir.

        sinônimo   antônimo

a) lindo

b) contente

c) depressa

d) educado

18. Classifique em **sinônimos** ou **antônimos**.

a) Grande e pequeno são

b) Morar e residir são

c) Duro e mole são

d) Gostosa e saborosa são

e) Amor e ódio são

f) Pacote e embrulho são

g) Sujo e limpo são

h) Macio e mole são

i) Tranquilo e calmo são

19. Preencha o quadro com os sinônimos e antônimos das palavras indicadas.

| Palavras | Sinônimos | Antônimos |
|---|---|---|
| Lindo | | |
| Alegre | | |
| Comprido | | |
| Veloz | | |
| Distante | | |
| Feroz | | |

20. Podemos formar **antônimos** com os sufixos abaixo. Observe e continue.

in    feliz → infeliz

a) justo
b) útil
c) dócil
d) decente
e) correto
f) capaz
g) dependente
h) voluntário
i) diferente

des   cumprir → descumprir

j) arrumar
k) enrolar
l) obedecer
m) abotoar
n) mandar
o) cumprir
p) armar
q) colar
r) complicar

**Lembre que:**

O que os pássaros fazem?

Os pássaros **voam**.

E os peixes, o que fazem?

Os peixes **nadam**.

As palavras **voar** e **nadar** indicam o que os pássaros e os peixes fazem.

- Essas palavras indicam **ações**.

21. Destaque as ações, como no exemplo.

Papai escreveu.
ação: **escrever**

a) A professora ensinou a lição.
ação:

b) O cachorro fugiu.
ação:

c) Eles passearão.
ação:

d) Li um livro de contos de fadas.
ação:

e) Eu brinquei com os meninos.
ação:

22. Complete com ações.

a) A menina _____ as lições.

b) O cachorro _____ no canil.

c) Mamãe _____ a casa com a vassoura.

d) O gatinho _____ leite.

e) O médico _____ dos doentes.

> **Lembre que:**
> - As ações acontecem em um tempo que pode ser:
> **Presente** – a ação está acontecendo.
> A professora **ensina** a lição.
> **Passado** – a ação já aconteceu.
> A professora **ensinou** a lição.
> **Futuro** – a ação irá acontecer.
> A professora **ensinará** a lição.

23. Leia com atenção.

Ontem, ela **caminhou** depressa.
Hoje, ela **caminha** depressa.
Amanhã, ela **caminhará** depressa.

Continue o exercício.

a) Ontem, ele **estudou** a lição.

Hoje, ele _____ a lição.

Amanhã, ele _____ a lição.

b) Ontem, ela **cantou**.

Hoje, ela _____.

Amanhã, ela _____.

c) Ontem, eu **escrevi** uma carta.

Hoje, eu _____ uma carta.

Amanhã, eu _____ uma carta.

d) Ontem, eles **jogaram** bola.

Hoje, eles _____ bola.

Amanhã, eles _____ bola.

24. Escreva as ações, de acordo com o que se pede.
Siga o exemplo.

jogar    **Hoje**    **Ontem**    **Amanhã**
        joga     jogou     jogará

a) sonhar

b) sair

c) levar

d) comprar

25. Complete com a ação indicada no tempo pedido entre parênteses.

**brincar** ← Edu _____. (presente)
           Edu _____. (passado)
           Edu _____. (futuro)

**dormir** ← Papai _____. (presente)
         Papai _____. (passado)
         Papai _____. (futuro)

26. Complete as frases com ações.

a) A menina _____ **um presente**.

b) O cachorrinho _____ **atrás do gato**.

c) Juliana _____ **chocolate**.

d) Eu _____ **você**.

e) Os garotos _____ **pipoca**.

f) A galinha _____ **milho**.

27. Escreva a seguir algumas ações que você pratica.

a) na escola:

b) em casa:

c) no parque: